問題だらけの小学校教育

疲弊する教員、放置する学校長

元小学校教諭
東和　誠

KKベストブック

◆プロローグ

猛勉強の末、公立小学校の採用試験に合格したとき、私は本当に大きな喜びに満ち溢れていました。そこから数年間、小学校教員の仕事は楽しく、充実したものでありました。

しかし、一方で勤務時間の長さや筋の通らないことなど、「本当にこれでいいのだろうか？」と思うようなことも月日を重ねるたびに増えるようになりました。

さまざまな理由から小学校教員を退職した後、在職中に考えていた学校の問題点や保護者へのアドバイスなどを一つひとつブログに書いていくことにしました。

今回はそのブログを見ていただいたKKベストブック社さんから話をいただき、本書を執筆する運びとなりました。

話をお受けした理由として、教育に関する報道では教員の不祥事やいじめ自殺といった極端かつケースとして少ないものが報じられることは多い一方で、当事者を除けば特にニュースにはならない「普通の学校」の様子を伝えられる機会はあまりにも少ないと常日頃思っていたからです。いうまでもなく、現在の学校で起きている問題は、教員の不祥事やいじめ問題だけではありません。

これでは子どもをもつ親などの当事者以外は現在の教育の問題について考える機会もないのでは

ないかと思ったのです。

そこで今回、本書では、私自身が小学校教員時に経験した出来事を個人情報には触れない範囲で具体的なエピソードやブログの記事を交えながら、ニュースにならない「普通の学校」の実態についてお伝えしたいと思っています。

そのため、なるべく多くの学校で共通する問題を選んで書いたつもりではありますが、一方であくまでも私が勤務した学校での出来事（しかも主観的に切り取っている）なので、必ずしも日本全国すべての小学校に当てはまるとは限りません。しかし、学者の先生や現役教員では決して言えないようなリアルな学校現場の様子や本音にタブーなく切り込みます。「普通の学校」の様子や現在の学校の問題点を草の根レベルで理解する、その一助となればと考えています。

第1章では「教室編」として子どもたちに直接かかわるテーマについて、第2章では「保護者編」としてクレームや個人面談、PTAなどの保護者にかかわるテーマについて、第3章では「職員室編」として教員の労働環境や研修、学校管理職などについて、第4章では「アドバイス編」として、連絡帳の書き方や通知表の見方などについて書きました。

最後に簡単に私自身の自己紹介をします。

東和誠《とうわまこと》。1986年生まれ。大学卒業後、教員採用試験合格。下町の学力底辺校、郊外の上位校、タワーマンション街の学級崩壊多数校の3校の小学校に勤務。有意義な日々を送るも、ブラックな労働環境、筋の通らない教育行政・学校管理職等に疑問を感じ、退職。退職後は小学校現場の実情を多くの方に知ってもらうため、『トウマコの教育ブログ』を執筆。毎日、更新しています。

https://makomako108.net/

twitter@makoto_touwa

facebook@makomako.touwa

目次

第1章　教室編

まず第1章では、教室で起きていることについて、子どもたちにかかわることを中心に取り上げていきます。

具体的には、学級崩壊、行事、学力テスト、習熟度別算数、英語、土曜授業、給食などについて、現場レベルの視点で学校の様子や問題点について説明していきます。

1 学級崩壊が起きたら？

先生の指示が通らない、私語・立ち歩きなどにより授業が成立しない、やまない子ども同士の喧嘩……。

一般の方が思い浮かべる学級崩壊といえば、このようなイメージでしょうか。

今、都市部の小学校の多くは多かれ少なかれ、このような状態の学級を一つや二つ抱えているはずです。原因はさまざまです。教員の力量不足、躾《しつけ》のなっていない子どもたち、発達障害をもつ子どもたち、クレームにより学級をかき乱す保護者、状況を見て見ぬフリする管理職……。

私が実際に見たケースをいくつか挙げます。

●子どもが原因で起きる学級崩壊

私が実際に見た低学年のクラスの一つは、子どもが原因で学級崩壊が起きていました。共働きやシングルマザーが多かったそのクラスの子どもたちは、躾がなっていない子どもが数多くいました。具体的にいうと、教員の話が聞けない、平気で教員の話を無視したり、理不尽にはむかってきたりする、明らかな屁理屈をこねる……、といったことです。

また、発達障害の子どもも数人いました。ＡＤＨＤと呼ばれるじっとしていられなかったり、周りと上手くコミュニケーションができなかったりする子どもや、学習障害と呼ばれる2～3学年下の学習内容も理解できていない子どもたちです。その他にも外国からきた日本語がまったく話せない子どももいました。6月ごろからクラスはおしゃべりや立ち歩きが目立つようになり、次第に真面目な子どもたちがまともに学習できる場ではなくなっていきました。そして秋ごろには音楽の時間に鍵盤ハーモニカを振り回しツバを周囲の子どもに浴びせる子どもや授業中に教室から出て廊下で靴下を丸めてサッカーをし出す子どもが出始めました。担任は例年しっかりと学級経営を行っていた教員だったので、担任の力量というより、担任一人で40人近くを見ていくには無理があるような子どもたちの実態だったのです。

●担任の力量不足で起きる学級崩壊

私が見た別の中学年のクラスでは子どもたちは躾もなっていて、前学年まではごく普通だったにもかかわらず、担任の力量不足により、学級崩壊が起きていました。担任の指示に一貫性がなく、授業が分かりづらく、次第に子どもたちのストレスが大きくなっていきました。

その力量不足の担任は、産休代替の講師でした。産休代替の講師というのは、採用試験に合格しておらず、産休・育休をとった教員の穴埋めとしてその期間のみ雇われる非正規教員のことです。仕事内容は正規の教員と同じにもかかわらず、給与・待遇は低く、研修も受けられません。彼らのなかには学校現場での経験がなく、力量不足により学級を崩してしまうケースも少なくありません（ひどい場合、正規の教員がもちたくないクラスをもたされることで学級を崩してしまうケースもあります）。

このような力量不足の教員は産休代替の教員だけではありません。正規の教員にもいます。毎年、毎年、学級崩壊を起こす人がいるのです。彼らは教員スラングで**「壊し屋」**と呼ばれています。このような教員の力量不足で起きた学級崩壊のケースでは翌年担任が変わると1か月も経たないうちに正常な状態に戻ることも珍しくないのですが、逆にいうと彼らが担任になるとどんなに躾がなっている子どもたちでも学級崩壊に至ってしまうのです。

●保護者のクレームで起きる学級崩壊

私が見た別の高学年のクラスでは、何とかクラスの体裁を維持させていたものの、保護者の理不尽なクレームにより、子どもたちからの求心力を失った担任がいました。

その学級には不登校気味の子どもが一人いて、その保護者は「我が子が不登校になる原因は担任だから、我が子が出席するとき、担任は学校（教室ではなく）から出て行ってほしい」と連日、校長室に何時間もこもり要求していました。

当然、最初は拒否していた校長も連日の攻撃に耐えきれなくなったのか、保護者の要求を受け入れるようになりました。その子が登校するたびにいなくなる担任……。子どもたちから求心力が下がるのは火を見るより明らかです。結局、そのクラスは上手くいかなくなり、まず担任の指示が通らなくなりました。そして、クラスの雰囲気がネガティブなものに支配されていくと、次に音楽や図工など専科の教員の前でも同じ態度をとるようになりました。さらに、担任とのかかわりだけではなく、クラスメイト同士でも喧嘩から始まり、いじめや下級生に対する暴力、トイレをわざと汚したり、ものを破壊したり、ということも起きて、職員室全体でそのクラスに対し対応せざるを得ない状況まで陥りました。

最後には、そのクラス、6年生だったのですが、卒業アルバムの集合写真に（校外へ出されたため）担任の姿はなく、とても寂しい卒業となりました。このケースの場合、保護者のクレームだけではないでしょうが、保護者の執拗で理不尽なクレームがクラスを崩壊させる大きな要因の一つでした。

●見て見ぬフリをする校長

さまざまな事情の家庭からくる子どもたちが40人弱集まったり、中には力量不足の教員もいたりするので、学級崩壊をゼロにするのは難しいといえます。

なので、問題は学級崩壊が起きてしまった場合です。

本来であれば校長のリーダーシップのもとに教員が一丸となって対応すべきところだと思うのですが、そのように対応できている学校は少ないのではないかと私は思います。

なぜなら、担任以外の教員がいくら協力したところで、一度壊れたクラスを担任以外が立て直すことは極めて難しい（特に小学校は）、という現実があるからです。

そして、何と、きちんと対応するどころか、この学級崩壊の状態を**「見て見ぬふりをする」**校長が多いのが現実なのです。実際に私は現場でそういう管理職たちを何度も見てきました。

なぜでしょうか。その理由について説明します。

■理由①：学級崩壊を把握しているとマズい

まず、校長の多くは校内を回りたがりません（もちろん全員ではありませんが大半の校長がという意味です）。

事務仕事を抱えていたり、出張に行かなくてはならなかったりといった正当な理由もありますが、校内を回り、見て知ってしまうと不都合があるからです。

どんな不都合があるのでしょうか？

例えば学級崩壊したクラスの保護者からクレームがきたとき、知っていると、「校長は学級崩壊を把握していたのに改善が図られていない、何をしていたんだ！」ということになってしまいます。

そうするとクレームのボリュームは一層大きくなります。

つまり、状況を把握していると不都合なわけです。

ですから、本当にひどいことではあるのですが、彼らは**「とりあえず知らない」**体裁を取り繕いたいのです。

■理由②：交渉カードに使うため

しかし、本来知らなければ知らないで管理不行き届きで問題になりそうなものですが、学校というのは不思議なもので、「把握できておらずに申し訳ない」と言えば、それ以上保護者も攻め立てることは難しくなるようです。

教員が忙しいこと、人員が少ないことが背景にあるからでしょうか。そして、大半の保護者は「これからは頻繁に様子を見にいきます」と言えばとりあえずはいったん引き下がります。

ですから、保護者からのクレームがきて話し合いになった際に、このような「これから見ていきます」カードを切るためにも、最初は知らないでいた方が好都合なのです。

■理由③：感覚の麻痺

子どもや保護者、担任にとって学級崩壊は大事件ですが、校長たちにとっては毎年起きることなので決して大事件ではなく、「日常」です。

彼らは長年、学校現場で働いているので、「あーまたか……」といった感じになってしまっているのだと思います。かくいう私も新人時代は、校内のクラスで学級崩壊が起きたとき「これは大変なことだ！」と思いましたが、数年経つと徐々に「あーまたか……」という気持ちになっていったことを覚えています。

いわば感覚が麻痺してしまっているのです。

私の経験では、「もし自分の子どもがこのクラスにいたら」という当事者意識や学級崩壊を重大な事案だと捉える認識が抜け落ちている校長が多いように見受けられました。

■理由④：本能的に苦痛だから

その他にも理由はあります。これはあくまで推測の域ですが、私自身が学級崩壊したクラスを空き時間に助けに入ったときに感じたことでもあります。

担任の指示が通らなかったり、子どもたち同士のトラブルを見たりすることは、人間の本能にとって精神的な苦痛を伴うものです。

自分の力（立場）でその状況が改善できないのであれば尚更です（自分が直接子どもを指導すれば、事態は好転するかもしれませんが、そんなことをしたら担任がますますやりづらくなるのでできません）。

もちろん、仕事なのでそんなのは甘えでしかありません。

しかし、校長は学校内ではトップですから校長次第、ということになってしまいます。これにはあまり校長が学級に干渉しすぎると担任がやりづらくなるという正当な理由もありますが、それ以上に苦痛を感じたくないから避けている校長も多いのではないかと私は思います。

■理由⑤：対応が非常に困難

学級崩壊が判明したとして、対応が非常に困難であることも挙げられます。

・授業を見て担任にアドバイスをする
・副校長（教頭）に授業を行わせ見本を見せる
・学年の教員に指導・フォローを頼む
・空き時間の教員にフォローを頼む
・問題行動を起こした子どもを一時的に引き取る

行うことができる対応はせいぜいこの程度です。人員が不足している、担任を簡単には変えられないなどの現状では可能な対応はこの程度にとどまり、しかも効果は限定的です（いや、正確に言えば、伝家の宝刀「出席停止」があるのですが、これについては後述します）。

授業や学級経営はライブであり、受け持つ子どもや学年によっても異なるため、指導の方法を教えたからといって担任が即実践できるほど簡単ではありません。原因が担任の力量不足ではなく子どもたちや保護者にある場合は尚更です。

このように校長として対応することが非常に困難なことも、見て見ぬふりを決め込む理由の一つになっています。

●出席停止を運用しない校長、市区町村教育委員会

前述した出席停止についてです。

子どもの性行不良が原因で、かつ他の真面目な児童生徒の教育の妨げがあると認められる場合、「出席停止」（学校教育法第35条）という制度を用いることができます。

しかし、いかんせん実際の現場ではなかなか運用されません。文部科学省の最新（２０１６年）の調査結果を見ても、全国の小学校で運用されたのはたったの４件です（出典：平成28年度「児童生徒の問題行動・不登校等生徒指導上の諸課題に関する調査」）。

真面目な子どもたちの学習する権利をしっかり守るためには、適切に運用していくべきなのに、なぜたったの４件なのでしょうか。

それは、校長や（運用権限のある）市区町村教育委員会の「事なかれ主義」です。他にも、性行不良な児童に対する教育的配慮や出席停止中の学習支援の人員不足という理由もありますが、とにかく「波風を立てたくない」というのが彼らの本音だと思います。

出席停止処分の推移（出点：平成 28 年度「児童生徒の問題行動・不登校等生徒指導上の諸課題に対する評価」）

区分	H9 年度	H10 年度	H11 年度	H12 年度	H13 年度	H14 年度	H15 年度
小学校	1	1	0	0	0	0	0
中学校	50	56	84	55	51	37	25
計	51	57	84	55	51	37	25

区分	H16 年度	H17 年度	H18 年度	H19 年度	H20 年度	H21 年度	H22 年度
小学校	1	1	2	0	1	0	0
中学校	25	42	58	40	45	25	51
計	26	43	60	40	46	25	51

区分	H23 年度	H24 年度	H25 年度	H26 年度	H27 年度	H28 年度
小学校	0	0	0	0	1	4
中学校	18	27	47	25	14	14
計	18	27	47	25	15	18

実際に出席停止を運用するためには、「あらかじめ保護者の意見を聴取するとともに、理由及び期間を記載した文書を交付しなならない」とされています。つまり、学校側だけで決定することができない、ということです。事実上、保護者の同意が必要で、そういう保護者がすんなりと同意するケースは稀でしょう。それどころか、当該児童の保護者から「学校のやり方が悪いからだろう」と猛反発を食らうのは必至です。

ですから、数年で異動する校長や市区町村教育委員会の担当者は自らの立場を危うくしかねない、出席停止にはなかなか着手しないのです。

結果、真面目な子どもが我慢をし、性行不良な子どもが教室内でやりたい放題、真面目な子どもたちの学習を妨害する、というような状況が続くのです。

●学級崩壊後のクラス

校長に見て見ぬふりをされたクラス、その後、どうなるのでしょうか。

前述のとおり、一度壊れた学級を立て直すことは極めて難しいのが学校現場の現状です。よっぽどのケースでない限り、担任を交代することもありません。

それでは、どうなるのでしょう。

保護者がクレームを入れる場合とそうでない場合で分かれます。

保護者がクレームを入れるクラスでは3月までクレームが入り続け、空き時間の教員が応援に入ったり、保護者が持ち回りで来校し支援したりというようになります。しかし、小学校は学級担任の影響力が非常に大きいので、担任以外の教員や保護者が来校したからといって多くは特段変わることはありません。

一方、物言わぬ保護者である場合は、担任交代（＋クラス替え）がありすべてが強制的にリセットされる4月まで、子どもたちを中心に、保護者・担任・校長と3月まで「ひたすら耐えて待つ」ということになります。

モンスターペアレント扱いされたくない（あるいは仕事などで忙しい、あるいは半ば諦めている）保護者の方が大多数なので、暴力事件や重大ないじめが起こらない限りは、後者のようになることの方が圧倒的に多いです。

私はこのようなケースを一つの学校だけでなく、すべての勤務校で見てきました。人と場所が変わっても起きるということは現在の学校制度や運用に問題がある、ということなのではないでしょうか。

2　学校行事は親のため？

運動会、学芸会、音楽会、宿泊行事、1年生を迎える会、6年生を送る会、持久走大会、卒業式、二分の一成人式……など、諸外国の学校と異なり、全員強制参加の行事が多い日本の学校。「行事があると子どもが荒れる」、これは〝教員あるある〟の一つです（荒れる、というのは教員の指示を聞かなくなったり、子ども同士のトラブルが増えたりするようになることです）。なぜでしょうか。

本来、行事を通じて子どもを成長させるのが行事の一番大きな目的のはずなのですが、近年が親たちの娯楽の道具になっている側面が否めません。

分かりやすい、その表れの一つが組体操のタワーの高層化です。さすがに怪我人が出るケースが多く、マスコミ報道でかなりバッシングされたので、組体操自体は縮小化傾向にありますが、学校が「親を喜ばすために」行事を行う、という根本は変わっていません。

親が行事に大きな期待を寄せる（行事後のアンケートなどに教員は敏感に反応する）ため、教員は演舞なり演劇なり合唱なりの質に必要以上にこだわるようになりました。その結果、他の学習を疎かにしたり、子どもたちを急かしたりして指導を行うことで子どもたちの精神的・時間的余裕を奪う方向に向かうため、子どもが嫌になってしまい、荒れるのです。

親が子どもの成長を見るために行事を設定すること自体は悪くはないと思うのですが、いつの間にか**「親の娯楽」**が最大の目的になってしまっているのが、現在の学校行事の問題点なのだと私は思います。

●親のために行われる、二分の一成人式

そして、その最たる行事が、「二分の一成人式」です。

ここ10年ほどで急速に広がりを見せた行事なので、ご存じない方がいるかもしれないので、簡単に概要を説明します。二分の一成人式とは、子どもが10歳（成人の二分の一）になったことを祝う行事です。小学４年生が対象で、子どもが親への感謝をつづった手紙を読んだ

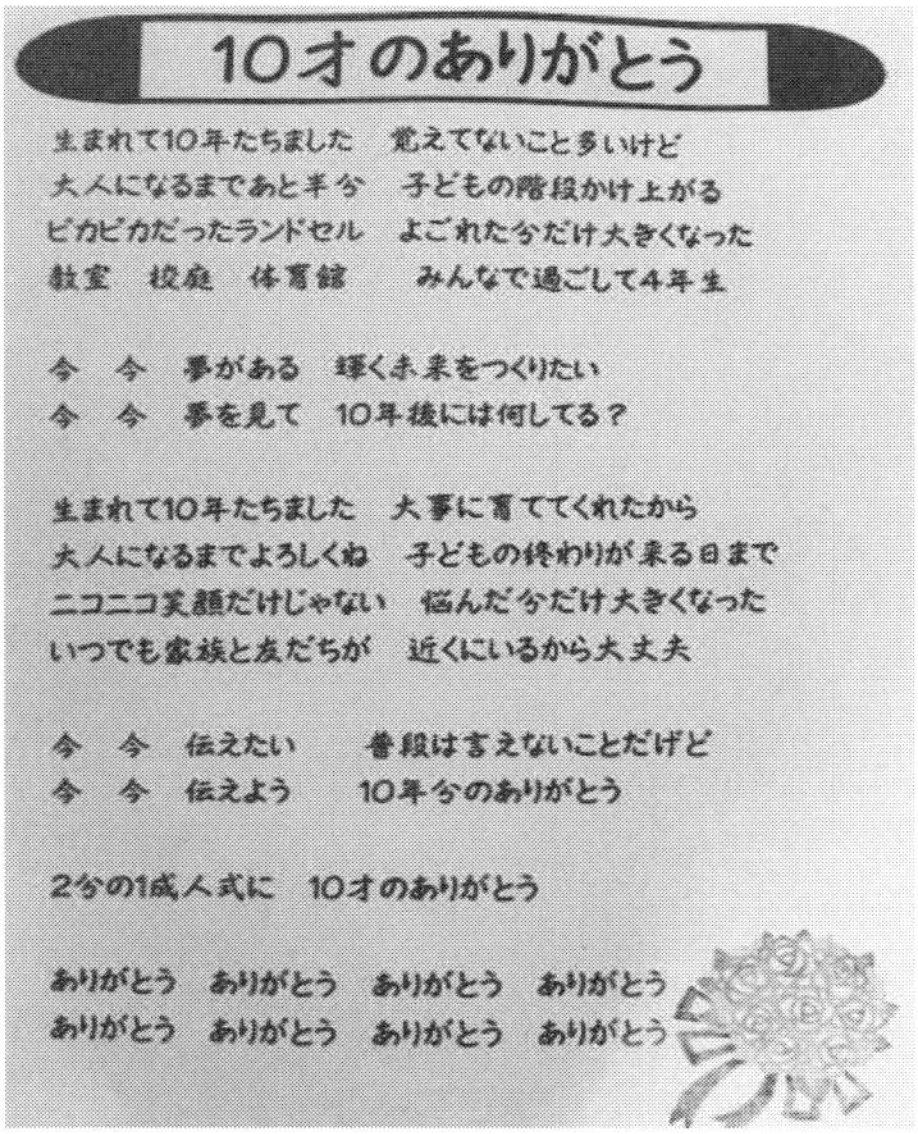
10才のありがとう

生まれて10年たちました　覚えてないこと多いけど
大人になるまであと半分　子どもの階段かけ上がる
ピカピカだったランドセル　よごれた分だけ大きくなった
教室　校庭　体育館　みんなで過ごして4年生

今　今　夢がある　輝く未来をつくりたい
今　今　夢を見て　10年後には何してる？

生まれて10年たちました　大事に育ててくれたから
大人になるまでよろしくね　子どもの終わりが来る日まで
ニコニコ笑顔だけじゃない　悩んだ分だけ大きくなった
いつでも家族と友だちが　近くにいるから大丈夫

今　今　伝えたい　普段は言えないことだけど
今　今　伝えよう　10年分のありがとう

2分の1成人式に　10才のありがとう

ありがとう　ありがとう　ありがとう　ありがとう
ありがとう　ありがとう　ありがとう　ありがとう

り、親から子どもへ手紙を渡したりする会です。また、他にも歌を歌ったり、将来の夢について語ったりする学校もあります。

しかし、この行事は学習指導要領に明記されているわけではありません。ですから、絶対にやらないといけないというわけではなく、あくまでも学校現場が自主的に行っているものであり、そのため実施方法もさまざまです。

このイベント、多くの学校でクライマックスは、子どもから親への手紙です。なぜなら、多くの親たちが我が子から「育ててくれてありがとう」と言われ、喜び、感動するからです（話は多少逸れますが、ひねくれ者の私は、子どもが「育ててくれてありがとう」というのは、親への手紙を書くよう先生に指示（強制）されて、一番無難で楽なのが「ありがとう」だからそう書いているだけ、という可能性が大きいのではないかと思っているのですが……）。

ベネッセが実施したアンケートでは、この行事に8割以上の親が満足しているというデータもあります。

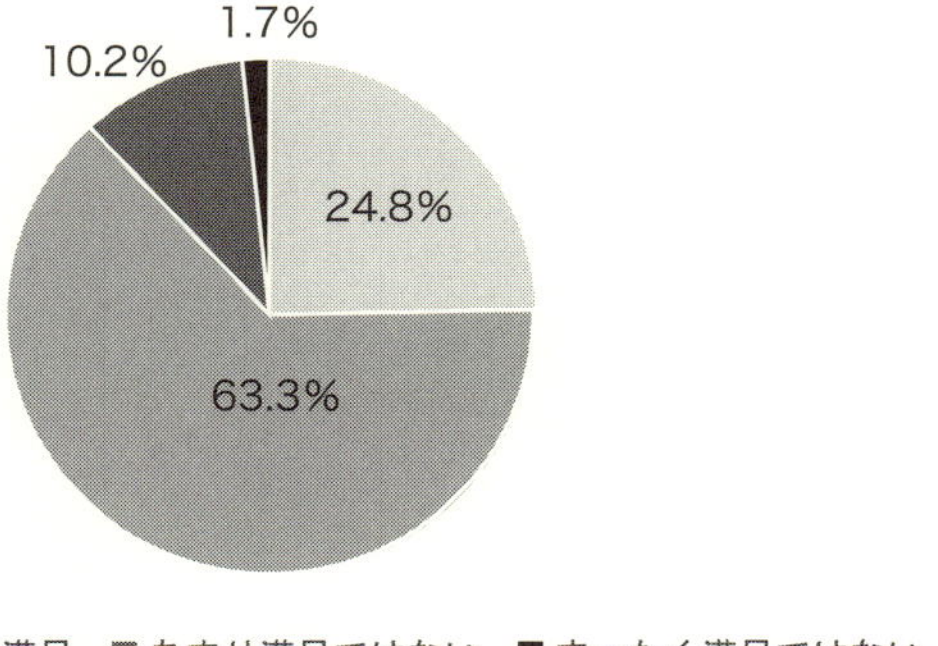

二分の一成人式の満足度（出典：ベネッセ情報サイト）

「2分の1成人式」について保護者の満足度を伺いました。
「2分の1成人式」に「満足である」という保護者が9割近くを占めています。
（出典：ベネッセ教育情報サイト「9割が満足！　親子で感涙する「2分の1成人式」とは!?」）

ですから、この二分の一成人式、多くの学校でどんどん「感謝」や「感動」の演出が強くなり、〝親の感動〟のために行われる行事になってしまっている、というのが現状です。

私自身、４年生を担任した際に、親を亡くした子どもに配慮して取りやめたところ、クレームを受けた経験から、この行事について深く考えるようになりました。そして今は、五つの理由からこのような行事は行うべきではないとの考えに至っています。

■理由①：いらぬ苦痛を受ける子どもがいる

何といってもこの理由です。この行事によって苦しむ子どもが確実にいます。私が挙げられるだけでも、

・片親に育てられている子ども
・施設で生活している子ども
・虐待を受けている子ども

・親が仕事などで式にこられない子ども
・親の事情で親から手紙を貰えない子ども
・〝公の場で〟ありがとうを言いたくない子ども

このような子どもたちが、いらぬ苦痛を受けるのです。もちろん、これらの子どもたちは少数かもしれません。しかし、恵まれない家庭環境を強く意識させられたり、プライベートな心情を公開させられたりします。これは、**「二分の一成人式は、二分の一虐待」**と揶揄されても仕方ないほどのひどい経験を子どもにさせる可能性があります。

■理由②：親を喜ばすためのイベントはいらない

いうまでもなく学校は「子どもを成長させる」場所であって、「親を喜ばす」場所ではありません。しかし、この行事の問題点は、明らかに「親を喜ばす」場になっているところです。

親が、我が子に「育ててくれてありがとう」と言われ、感動し、涙する会なのです。

しかし、この〝感動ポルノ〟を喜ぶ親がいる一方で、少なからず苦しむ子どもがいることは大きな問題です。学校長が子どもたちのことを第一に考え、プライドをもって取りやめる判断を行えば良いのですが、現在そんな管理職は皆無です。

なぜなら、学校がこの行事を取りやめた日にはクレームを受け、実施をすれば称賛を受けるからです。

しかし実際には、会に感動して涙したり、クレームを入れたりする親の他に、声は挙げないものの懐疑的にとらえている親たちも相当数いるのではないかと私は思います。しかし、敢えて否定的なコメントを寄せる保護者は少ないのが現実です。

■理由③：学校は子どもたちが学習をすべきところ

この行事は２０００年代に入ってから全国的な広がりを見せてきたものですが、そもそもは「総合的な学習の時間」や「道徳の時間」において、子どもたちが自分自身について考える機会をもつことがねらいの学習だったのです。

これまでの自分の生活を振り返ったり、将来について考えたりする、そういう学習です（これについての賛否は別として）。

しかし、授業参観に絡めて、手紙などのやり取りを通じた親参加型で二分の一成人式を行ったところ、国語や算数の授業に比べて、「親が喜ぶ」ことが分かったために広がってきたのではないかと私は推測します。

であれば、元々の学習のねらいに戻すべきではないでしょうか。親とはいったん切り離して、子どもたちが自分自身について考える機会をもてるよう進める学習に戻すべき、それが私の考えです。

■理由④：関係者全員が余計な負担を負う

子どもも親も教員も、この行事のせいで関係者全員が余計な負担を負うことになります。

・子ども→親への手紙を書くために何度も書き直したり、読む練習をしたりする負担
・親→子どもへの手紙を何の同意もなく、書かされる負担
・教員→親へ手紙の依頼をしたり、子どもの手紙の誤字脱字をチェックしたりする負担

「育ててくれてありがとう」と言われたい親のために、皆が負わなくてよい負担を負うなんてナンセンスです。皆、ただでさえ忙しいのだから、子どもの普段の「学習」に注力すべきです。

■理由⑤：そもそも公教育がやることではない

この行事を好意的にとらえる親や教員たちは、「普段家ではお互いなかなか言えないことを言える良い機会になる」と考えているようですが、子どもに親への感謝を述べさせる、そんなおせっかいなことは公教育のやることではないと私は思います。

実施している学校や喜んでいる親たちはおそらく無自覚かと思われますが、

・家庭状況を公に明らかにすること
・個人の心情を公開させること
・家族（親子関係）の価値観を押し付けること

などが行われる可能性があり、それらは公教育の一線を越えています。

そもそも公教育は、さまざまな家庭状況や学習環境にある児童がいるなか、「学習のスタートラインを揃えること」で平等な学習の機会を与えるべきものです。いうまでもなく、二分の一成人式はこの「学習のスタートラインを揃える」原則に逆らうものです。

●世論の力で変えていく

このような二分の一成人式についての考えをブログに書いたところ、多くの反響がありました。そして、新聞にも取材され、記事になりました。

> 10歳になったことを祝う「2分の1成人式」が、小学校の行事として定着しつつあります。親への「感謝の言葉」の発表などが「感動する」と評価されているようです。一方で、場合によっては子どもたちにつらい体験になることもあり、配慮を求める声も出ています。
> （中略）
> 複雑な家庭の子どもに配慮しようとする教員もいるが、一度始めた行事を変えるのは大変なようだ。公立小に勤めていた30代の男性は数年前、担任する4年生のクラスに父親を亡くした

子どもがいた。ほかのクラスの担任や校長と話し合い、保護者は呼ばず、子どもが将来の夢などを考える授業に変えた。

ところが、保護者からは「上の子どものときはやったのに、どうして今年はないのか」、「楽しみにしていたのに」などの苦情が寄せられた。子どもからの文句はなかったという。

男性は「子どもにとっては『面倒くさい行事がなくなった』ぐらいなものだった。親を喜ばせるためのイベントで苦しむ子どもがいるくらいなら、やめてしまった方がいい」と話す。

（出典：朝日新聞「2分の1成人式、広がる「感謝の言葉」苦にする子も」

2017年5月18日）

このように二分の一成人式に限らず、今の学校行事はあまりにも「親を喜ばせるため」という側面に偏りすぎています。そして、やめるべきと主張すると、やる気がないと切り捨てられて、現場では黙殺されます。ですから、組体操のタワーのときのように、世論の力で外から変えていくしかないのだと思います。

3　班決めで揉める宿泊行事

集団生活を学ぶ、体験活動を経験するなどのねらいによって行われる宿泊行事。この宿泊行事によって、子どもたちが学ぶことも多いとは思うのですが、反面デメリットやコストが大きい、というのが現場の声でもあります。

●教員の負担大

教員にとって、宿泊行事中は実質24時間勤務です。

例えばお漏らしをする可能性のある子を深夜に起こしてトイレに行かせたり、深夜でも子どもにアクシデントがあれば対応したりしなくてはなりません（同僚はある年、「お漏らしが友だちにバレたら先生のことを訴えますからね」と親から脅しを受け、深夜まで起きていたと言っていました）。

私は教員時代、２泊３日で引率したときに体力的にとても辛かったことをよく覚えています。地域によっては、中学年から実施する自治体や４泊５日で実施する自治体もあり、教員の負担はとても大きいのです。

また、負担は当日だけではありません。実地調査に始まり、宿泊施設との打ち合わせ、アレルギー児童への対応、しおりの作成、バス会社や訪問場所へのアポイントやお金の管理など……。通常の仕事に並行して、**旅行代理店社員のような仕事**をしなくてはならず、どうしても日頃の授業の準備が手薄にならざるを得ません。

●揉める班決め

宿泊行事実施前には、当日部屋で一緒に過ごしたり、行動したりする班を決めます。担任が独断で決める場合もあるし、子どもたちの話し合いによって決める場合もあります。いずれにしても、子どもたちは「あの子と同じ班になりたい」、「あの子と同じ班は嫌だ」と揉めることが非常に多いものです。ときには「あの子とは同じ班にしないでください」と親が介入してくることも珍しくありません。

子どもも親も、宿泊行事は普段よりクラスメイトとともにする時間が長く、教員の目が行き届きにくいことから不安が大きいのだと思います。「友だちと一緒の班になりたい」程度の思いなら特に問題ないのですが、人間関係に問題があったり、いじめがあったりする場合、当然子どもたちの不安は大きいものになります。これらの不安により、当日欠席したり、宿泊行事前後に軽い不登校になってしまったりする子どももいます。

●校長、養護教諭は学校不在

宿泊行事には、校長や養護教諭が同行するケースがほとんどです。

校長や養護教諭が当該学年とともに宿泊行事に出ている間、当然ながら他学年は学校で学習をしています。体調を崩したり怪我したりする子どもがいても保健の先生はいません。そのため少し横になっていれば治るような状態でも養護教諭がいないので保護者に迎えに来てもらわなければならないケースもあります。

また、何か問題が起きたときに責任者である校長もいません。何とか残った教員で学校を回しているのです。

4　調査のための調査？——学力テストの実際

２０００年代に再び実施されるようになった学力テスト。

自治体によっては、国実施の学力テスト、都道府県実施の学力テスト、市区町村実施の学力テストと年に3回も学力テストが行われる自治体もあります（学年をずらして実施する自治体もありますが、そうでない自治体もあります）。

その学力テスト、文部科学省によると、次のように改善を図ることに役立てることが目的とされています。

・義務教育の機会均等とその水準の維持向上の観点から、全国的な児童生徒の学力や学習状況を把握・分析し、教育施策の成果と課題を検証し、その改善を図る。
・そのような取組を通じて、教育に関する継続的な検証改善サイクルを確立する。
・学校における児童生徒への教育指導の充実や学習状況の改善等に役立てる。

（出典：文部科学省「全国的な学力調査・調査の目的」）

しかし、都道府県・市区町村教育委員会レベルでは拡大解釈をして競争に用いる自治体もあります。私の勤務した自治体の一つがそうでした。

具体的にどのようなことをしていたのでしょうか。

●自治体内で競わせる

学力調査のことでよくニュースになるのは、都道府県レベルの順位づけ(国の学力調査)です。しかし、私が勤務していた学校現場で最も影響をもっていた学力調査の順位づけは、市区町村実施の学力調査でした。

その自治体では、教育委員会が自治体内の学校の順序づけを行い、自治体内の学校同士を競わせ、結果が向上した校長および学校を評価し、結果の悪い学校には新たな取り組みを求めたり管理職が教育委員会から指導されていたりしました。

しかし、このように順位づけを行うことは、文部科学省が示す学力調査の目的に合致しません。確かに、「指導の充実や学習状況の改善等に役立てる」ことは目的に沿っていますが、学校同士を競わせることは明らかに学力調査の拡大解釈です。また、子どもたちの元々の素質や家庭環境、塾に通っている子どもの存在を考えれば、学力テストの成績は単純に学校の指導力だけで決まるものではないことは明白です。

●過去問に取り組む

小学校の場合、学力調査では日頃子どもたちが取り組む単元テストと問題の形式が異なる問題が多く出ます。特に下の学年は、学力テストのような問題用紙と解答用紙が分けられている形式のテストに取り組んだことがない子どもが結構います。

ですから、教育委員会や校長からの指示でテストの形式に慣れるために学力調査の過去問に取り組むことになります。

一度ならともかく、何度も何度も同じ問題を取り組まされる年もありました。さすがにこれには子どもたちからも「こんなこと何度もやって、先生、これ意味あるの？」という声が上がりました。ただでさえ授業時数の確保に四苦八苦している今の学校現場にとって、本来は学力調査の過去問に取り組むような時間的な余裕はないのですが、他の学習時間が削って行われることになります。どのような時間が削られるかというと、勉強が苦手な子どものために教員が確保しているような時間が削られ、行われるのです。

その自治体、現場では子どもたちの現状の力を把握するためというより、**「学力テストで結果を出すこと」が学力調査の目的**になってしまっていました。これではまるで「調査のための調査」です。

●過度な補習

学力テストや過去問に取り組んだ際の答え合わせ・解説は、難しいものがあります。

なぜかというと、

・問題数が多いため、とにかく時間がかかる
・正答した児童にとっては無駄でしかない時間
・正答できなかった児童にとって一斉指導では理解が難しい場合が多い

などの理由が挙げられます。

よって、私が勤務していた学校では、授業での一斉解説に加え、成績の悪かった児童に対し、放課後や夏休みなどを活用して補習をさせていました。

しかし、彼らのような勉強が不得意な子どもは、往々にして宿題や授業での課題など日常の学習でも遅れていることが多く、雪だるま式に課題が積もり重なっていくケースが多いのです。

そんなふうに毎回毎回補習に参加させられることで彼らは劣等感を感じ、精神的にも追い込まれ、ますます勉強嫌いになるのではないかと私は心配しながら補習を行っていました。

また、私の勤務していた自治体ではそれだけにとどまらず、学力テスト対策に躍起になった教育委員会が、成績の悪い中学1年生数十人をピックアップして、夏休みに前6年担任を（小学校の担任が悪いと言わんばかりに）駆り出し、小学校レベルの復習を行う勉強合宿を実施し始めました。

このような過度な補習は一時的に学力調査の結果は向上するかもしれませんが、長期的には子ど

も（教員も）を追い込み、勉強嫌いの子どもを増やすだけなのではないか、私はそう思います。

●自校採点

学力調査の採点は予算がつかず教員に自校採点させる場合と予算がついてアウトソーシングをして外部の業者が採点する場合があります。

しかし、ナンセンスなことにアウトソーシングしている場合でも自校採点になる場合があります。どういうことかというと、外部の業者にアウトソーシングしている場合も、外部の業者に採点されて返ってくるのは数か月後のため、学力テスト対策として、すぐに結果を把握し分析するためにコピーをとって自校の教員を使って採点させるのです。

教員の負担を軽減し、本来の業務に集中させるためにわざわざ予算をつけてアウトソーシングしているのに、非合理的なことをやっているのです。

●S—P表作成など過度な分析と報告書提出

S—P表を作成させられたこともありました。

S—P表とは、Student-Problem score table の略で、設問の高得点順、正答者数の多い順に被験者と設問を並び替えた正誤パターン表のことで、テスト問題の特徴や被験者の反応パターンなどを把握するための手法です。

Ｓ—Ｐ表作成は確かに、「児童生徒の学力や学習状況を把握・分析し、教育施策の成果と課題を検証し、その改善を図る」ことという文部科学省の学力調査の目的とも外れてはいません。

しかし、日々の業務が忙しすぎる教員にＳ—Ｐ表を作成させるまでの分析がそのコストと鑑《かんが》みて必要だとは思えません。日々、子どもたちの学習をみている担任はＳ—Ｐ表まで細かくないにせよ、おおまかに児童の学習状況は把握しています。私の同僚も「こんなのつくらなくても分かっている。そんな時間があるのなら、明日の授業の準備に充てた方がよっぽど児童の学力向上につながる」と皆、口を揃えて言っていました。

Ｓ—Ｐ表など高度な分析を行いたいのであれば、アウトソーシングするか教育委員会が作成するかすべきなのです。

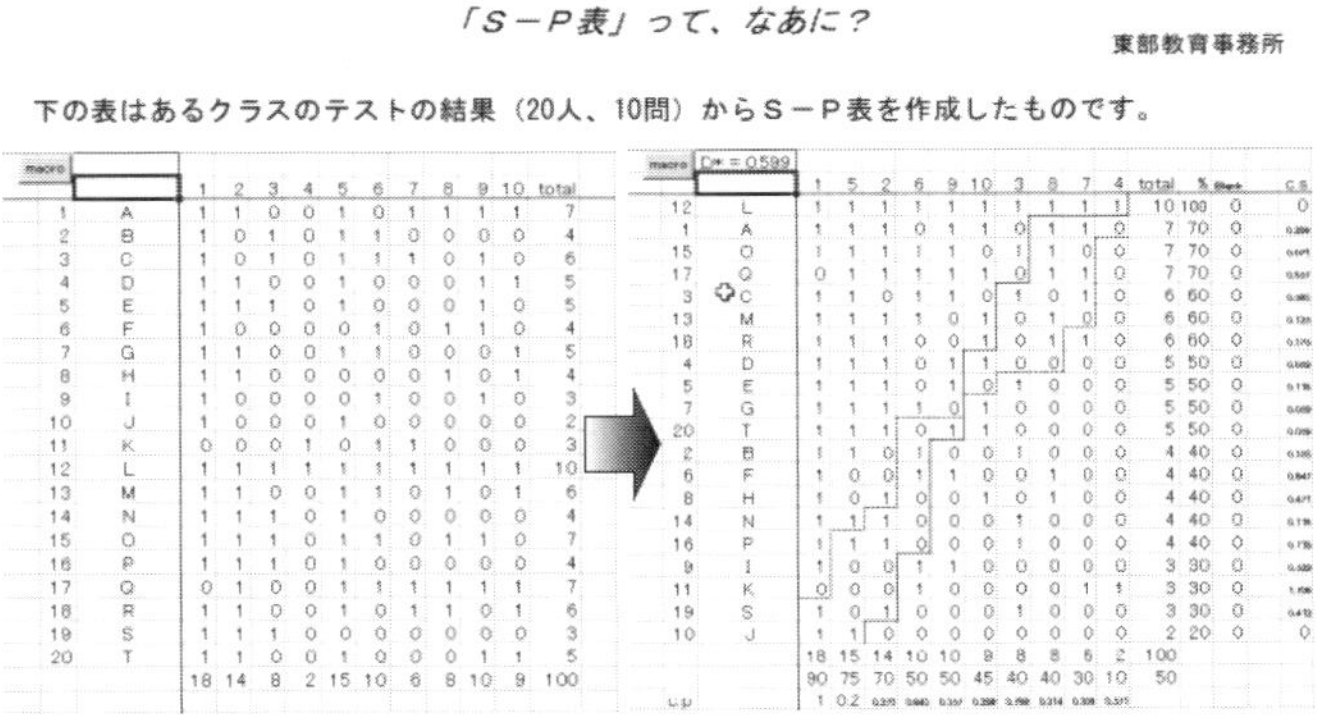
「Ｓ－Ｐ表」って、なあに？

東部教育事務所

下の表はあるクラスのテストの結果（20人、10問）からＳ－Ｐ表を作成したものです。

		1	2	3	4	5	6	7	8	9	10	total
1	A	1	1	0	0	1	0	1	1	1	1	7
2	B	1	0	1	0	1	1	0	0	0	0	4
3	C	1	0	1	0	1	1	1	0	1	0	6
4	D	1	1	0	0	1	0	0	0	1	1	5
5	E	1	1	1	0	1	0	0	0	1	0	5
6	F	1	0	0	0	0	1	0	1	1	0	4
7	G	1	1	0	0	1	1	0	0	0	1	5
8	H	1	1	0	0	0	0	0	1	0	1	4
9	I	1	0	0	0	0	1	0	0	1	0	3
10	J	1	0	0	0	1	0	0	0	0	0	2
11	K	0	0	0	1	0	1	1	0	0	0	3
12	L	1	1	1	1	1	1	1	1	1	1	10
13	M	1	1	0	0	1	1	0	1	0	1	6
14	N	1	1	1	0	1	0	0	0	0	0	4
15	O	1	1	1	0	1	1	0	1	1	0	7
16	P	1	1	1	0	1	0	0	0	0	0	4
17	Q	0	1	0	0	1	1	1	1	1	1	7
18	R	1	1	0	0	1	0	1	1	0	1	6
19	S	1	1	1	0	0	0	0	0	0	0	3
20	T	1	1	0	0	1	0	0	0	1	1	5
		18	14	8	2	15	10	6	8	10	9	100

D* = 0.599

		1	5	2	6	9	10	3	8	7	4	total	%		c.s.
12	L	1	1	1	1	1	1	1	1	1	1	10	100	0	0
1	A	1	1	1	0	1	1	0	1	1	0	7	70	0	[illegible]
15	O	1	1	1	1	1	0	1	1	0	0	7	70	0	[illegible]
17	Q	0	1	1	1	1	1	0	1	1	0	7	70	0	[illegible]
3	C	1	1	0	1	1	0	1	0	1	0	6	60	0	[illegible]
13	M	1	1	1	1	0	1	0	1	0	0	6	60	0	[illegible]
18	R	1	1	1	0	0	1	0	1	1	0	6	60	0	[illegible]
4	D	1	1	1	0	1	1	0	0	0	0	5	50	0	[illegible]
5	E	1	1	1	0	1	0	1	0	0	0	5	50	0	[illegible]
7	G	1	1	1	1	0	1	0	0	0	0	5	50	0	[illegible]
20	T	1	1	1	0	1	1	0	0	0	0	5	50	0	[illegible]
2	B	1	1	0	1	0	0	1	0	0	0	4	40	0	[illegible]
6	F	1	0	0	1	1	0	0	1	0	0	4	40	0	[illegible]
8	H	1	0	1	0	0	1	0	1	0	0	4	40	0	[illegible]
14	N	1	1	1	0	0	0	1	0	0	0	4	40	0	[illegible]
16	P	1	1	1	0	0	0	1	0	0	0	4	40	0	[illegible]
9	I	1	0	0	1	1	0	0	0	0	0	3	30	0	[illegible]
11	K	0	0	0	1	0	0	0	0	1	1	3	30	0	[illegible]
19	S	1	0	1	0	0	0	1	0	0	0	3	30	0	[illegible]
10	J	1	1	0	0	0	0	0	0	0	0	2	20	0	0
		18	15	14	10	10	9	8	8	6	2	100			
		90	75	70	50	50	45	40	40	30	10	50			
c.p		1	0.2	[illegible]	[illegible]	[illegible]	[illegible]	[illegible]	[illegible]	[illegible]	[illegible]				

Ｓ－Ｐ表（出典：高知県庁ホームページ）

私は学力テストを実施すること自体は、子どもや保護者が現在の実力を知ることができ、教員が授業改善を図る際の材料にできるという意味で悪いとは思わないのですが、このように、「学力テストで結果を出すこと」が学力調査の目的になってしまっているような自治体は良くないのではないか、という考えです。

5 習熟度別展開算数の一長一短

都市部を中心に小学校段階から習熟度別に実施されている算数。

これはクラスで授業を進めるのではなく、学年を一つの集団としてみてレベル別のコースに分けて（単元ごとに分けることが多い）実施する算数です。私が勤務した自治体でも習熟度別展開の算数が実施されていました。

この習熟度別算数、算数は習熟度に差が出やすい教科なので、「良いことじゃないか」と思われる方もいるかもしれませんが、そう単純ではありません。この習熟度別算数、**一長一短**があり、現在でも賛否の意見が分かれているのが事実です。ここでは、私の経験を交えながら、習熟度別算数のメリット・デメリットをまとめます。

■メリット①：子どもの習熟度に応じて学習が進められる

何といっても、習熟度別にコース分けする最大のメリットは、いうまでもなく、各々の子どもの習熟度・レベルに応じて学習を進めることができることです。

クラスでの算数と異なり習熟度別展開であれば、学力上位層の子どもたちにはどんどん難しい課題に挑戦し、下位層の子どもたちはじっくり学習を進めていくことができます。つまり、学力上位層が下位層を待たなければならなかったり、学力下位層が置いてきぼりになったりする回数を減らすことができます。

私は上位層のコースの児童には積極的にアクティブ・ラーニングを行ったり、たくさんの課題（プリントなど）を与えたりしていました。一方で、下位層のコースの児童にはポイントをしぼって教えたり、繰り返し問題を解かせたりして学習内容の定着を図っていました。

■メリット②：教員の人員増

二つ目のメリットは、教員の人員が増えることです。

習熟度別算数を実施する自治体では、学年学級数＋1人（マンモス校は＋2人）の算数専科の教員が配当される自治体が多いです。

よって、教員の人員が増え、教員一人あたりが見る子どもの数が減ります。

特に下位層のコースは10人以下になることも多く、普段学級では難しい手厚い個別指導を行うことが可能になります（それでも下位層のコースには必ず軽度学習障害の子どもたちも何人かいるので厳しいのですが）。

■メリット③：担任以外の授業を受けることができる

三つ目のメリットは、子どもが担任以外の授業を受けることができることです。

小学校は担任がほとんどの授業を受け持つため「学級王国」と揶揄されることがあります。担任と相性が合わない子どもや学級崩壊しているクラスの子どもにとって、算数は毎日必ず1時間あるので担任以外の授業を受けられることはそれだけでもメリットがあるということができます。

■デメリット①：担任が子どもの出来を把握できない

一つ目のデメリットは、「担任が子どもの出来を把握できない」ということです。

習熟度別展開の算数を取り入れる多くの学校では、学年で単元ごとにクラス分けをしています。そうなると、担任が自分のクラスの子どもを学期間で一度も見ないということが多々あります。もちろん代わりに学年の教員（あるいは算数専科）が見ているので、情報交換はしますが、やはり限界はあるし、自分が見ないと具体的に細かいところまで分かりません。

小学校ではクラス単位で動くことが多いので、例えば担任が成績を出すときや宿題を出すにあたって、担任がしっかりと子どもの出来を把握できないことはデメリットの一つです。

■デメリット②：上位コースは少人数にならない・下位層は焦らなくなる

二つ目のデメリットは、上位コースは少人数にならない・下位層は焦らなくなる、ということです。習熟度別算数、下位層のコースは少人数のクラスになるものの、学力上位層のコースは大して少人数にはなりません（下位層の人数を減らすのだからそうなる。教員一人の加員では焼け石に水程度）。30人を超えるクラスで学習を進めることも珍しくありません。

また、下位層のコースは、普段の学級では自分のレベルが下だということで焦る場面でも、自分と同じレベルの子どもばかりが集められている習熟度別展開では焦る気持ちが希薄になり、真面目に勉強をしなくなるケースが少なからずあります。底辺校の高校と同じような状態になるわけです。私も何度も同様の経験をしました。また、下位層に振り分けられた子どもが劣等感を感じてしまうケースもあります。

■デメリット③：習熟度別コースに分けることでのかかるコストがある

三つ目のデメリットは、習熟度別コースに分けることでのかかるコストがある、ということです。習熟度別展開算数では学級の算数ではかからない、次のようなコストがかかります。

・単元ごとのクラス分けにレディネス・テストを行う
・子どもたちは教室の移動が必要
・学級での算数と異なり、学年で動くので時間の融通がきかない
・担任がいないところでの学級を超えた子ども同士のトラブルが起こることもある
・担任あるいは算数専科が出張などで不在になると急にクラスでの算数になる

細かなことではありますが、考慮しなければならないコストでもあります。

小学校段階における算数の習熟度別展開は始まったばかりです。その賛否を議論する際にはメリット・デメリットの両方をきちんと提示して行うべきだと私は考えています。

6　質の低い英語教育

２０２０年から実施される新学習指導要領では、

・低学年からの外国語活動
・高学年の外国語科への教科化

へと変更がなされる英語の授業。

小学校段階からの英語教育については賛否が分かれていますが、現状よりさらに下の学年から英語教育を充実させていこうというのが新学習指導要領です。

ここでは現場での英語教育についてお伝えします。

●小学校の先生は英語ができない

潤沢な資金があり、毎時間ＡＬＴ（ネイティブの講師）が派遣される自治体を除けば、授業を進めるのは基本的に担任です。

文部科学省の調査によると、その小学校担任が、英語の免許をもっている教員は５パーセントにも達しません。

教科として英語を教えるには、中学英語の免許も併有する小学校教員が担当することなどが考えられるが、文部科学省によると、２０１５年度調査でそうした併有小学校教員は5％に満たない。

（出典：毎日新聞「社説　新学習指導要領　がんじがらめは避けよ」２０１７年2月15日）

この状態で授業の質が担保されるわけがありません。付け焼刃のちょっとした研修はありますが、私自身も、私の同僚も、英語（外国語活動）の授業については自信がないという教員が多かったように感じます。

立教大学・鳥飼玖美子教授は、英語を専門的に学んでいない、小学校の学級担任の英語授業について、例えば、冠詞（単数形のa、複数形のs）を省いて授業することがあり、その危うさを次のように説明しています。

> マーク・ピーターセン教授（明治大学）は、「母国語（日本語）の表現上で目立たない区別は、外国語（英語）でも目立つまい」と思いこむことの危うさを指摘しています。
> （中略）
> こうした「ささいなこと」にこそ、ことばの性格の違い、そしてそのことばを話す人が世界をどう切り取って認識しているかという文化の違いが表れるのです。
>
> （出典：鳥飼玖美子『危うし！小学校英語』）

このあたり、指摘のとおり多くの小学校教員は冠詞などについては適当にやり過ごしているのではないかと思います。それどころか間違った英語（和製英語）を英語として教えている教員も結構います。

そのようにお世辞にも高いとはいえない質の授業が多くの教室で行われています。

さらにもっとひどいのになると、あまり大きな声ではいえませんが、虚偽の時数申請でごまかし、授業を実施したことにしている担任もいます。当然、それは決して褒められた行為ではありませんが、それくらい小学校教員にとって、英語の授業は苦手意識の強いものだということです。

●時間確保は現場丸投げ

新学習指導要領から、5・6年はこれまでの外国語活動から「外国語科」となり、授業時間も週1時間増加します。

小学校の現場では脱ゆとりに舵をきって以降、すでに授業時数はいっぱいいっぱいで、何とかして授業時数を確保しているのが現状です。特に、5・6年に関しては、月～金まで毎日6時間授業ですでに埋まっています。

当然、文部科学省はそのことを理解していて、

小学校高学年は平日6時間の時間割はほぼ埋まっており、英語の増加分週1時間は教育課程（カリキュラム）を編成する各学校が捻出することになる。文部科学省は⑴夏休みや土曜日を

活用して授業日数を増やす。⑵授業1時間か、15分の短時間学習のいずれかを増やす。⑶⑴と⑵を組み合わせる――の3通りを提案する。

（出典：毎日新聞「学習指導要領　知識使う力、重視　異例の指導法言及」2017年2月14日）


といっています。

夏休みや土曜授業だけでは、毎週1時間増の授業はとても捻出できないので、学校現場からは⑵の15分短時間学習を行う可能性が高いという声を聞きます。

その15分、具体的には、朝の全校朝会や集会、読書のために設定されている時間、昼休み、掃除などの時間を削ってできる時間だそうです。

つまり、一言でいうと、「現場丸投げ」です。それぞれの学校で何とか時間つくってやってください、ということです。

これで、他の教科や学習がおざなりになったり、二兎追う者は一兎も追えずの状態になったりしなければ良いのですが……。

7　百害あって一利なし――土曜授業の実際

自治体によって頻度は異なるものの、授業時数の確保、学力向上などの目的から復活してきている土曜授業。

私が勤務する自治体も土曜授業が月に一度程度実施されていました。

私は土曜授業については百害あって一利なし、と考えています。その理由は次のとおりです。

■理由①：土曜は子どもの集中力が急落する

土曜は子どもの集中力が落ちます。

子どもたちは月～金まで5日間、毎日5～6時間の授業を受けています。そのなかには苦手な教科もあれば、人間関係もあります。大人に比べ元気な子どもたちでも、いうまでもなく疲れはたまります。人間、疲れが出れば体力も集中力も当然低下します。

私の印象では、土曜授業の子どもたちの学習能率は、普段より明らかに低かったです。実際、学校が大好きな低学年の子どもたちも土曜授業がある週には「えー、今週あるの？　イヤだ～」という反応でした。嫌々登校しても効率の高い学習は行えないのは当然ではないでしょうか。

また、翌週の学習能率はさらに低くなります。急落です。休みが日曜だけで中1日しかなく、登校しなくてはならないからです。

■理由②：教員が授業の準備をできない＝子どもに質の低い授業を受けさせることになる

教員が授業の準備をできなくなります。

教員は普段からなかなか授業の準備を行う時間がありませんが、土曜授業の週は土曜（休日ですが）も準備に充てられなくなるのでさらに拍車をかけて準備時間が減ります。また、金曜までに土曜授業の準備も必要になります。

教員が授業の準備ができないということは質の低い授業をせざるを得なくなることを意味しています。

そんな授業が子どもたちのよい学習につながるでしょうか。

「でも昔は普通に土曜授業がありましたよね？」とおっしゃる方もいます。

しかし、昔は教育委員会からくる報告書の類も少なかったですし、保護者対応も今に比べて圧倒的に少なかったはずです。今の教員は暇な昔とは比較にならないほどの業務量があり、土曜授業は授業の準備不足に拍車をかけています。

■理由③：教員は実質週6日勤務になる

教員も労働者です。土曜に勤務すると、実質週6日勤務になります。

土曜勤務をすれば、振り替えが貰えます。しかし、一般の労働者と違って、平日には授業があるので、なかなか平日には振り替えられません。ですから、結局振り替えを行使できるのは夏休みなどの長期休業中になります。つまり、長期休暇は長くなるものの、**月に一度ペースで週6勤務**をしなくてはならなくなるのが土曜授業なのです。

正直、私は週6日で働いて夏休みに数日多く休むより、週5日勤務の方が良かったです。疲れているときに休めたり、（休日だが）授業の準備ができたりする方が良いからです。

子どもたちと同じで、教員も人間ですから、当然疲れが出るし、体力・集中力も落ちます。翌週は尚更です。このような状態で子どもの指導にあたることが良いとは思えません。

●私用で休む児童も多い

土曜授業は、私用（お出かけなど）で休む児童も多く見られました。

私の教員時代の経験では、親の仕事が休みということで、土曜授業であっても私用で欠席する子どもも少なくありませんでした。

ですから、学校では欠席の子に配慮して授業を先に進めることもできず、困ったこともありました。しかしその家庭にとっては貴重な休日なのかもしれないのですから、仕方がないことだと思っていました。

以上のような理由で、土曜授業は百害あって一利なし、これが私の考えです。

8　外国籍の子どもの増加

現在、学校では日本語が話せない外国籍の児童・生徒が増えています。

文化庁の調査によると、日本国内の国公私立学校に在籍する外国人は、近年約8万人で推移しているが、公立学校で日本語指導を必要としている人数は2012年から14年にかけて約2千人増と、増加傾向にある。

また注目すべきは、「外国籍児童生徒」には当てはまらない、日本国籍の子どもたちでも日本語支援を必要としている子が急増していることだ。

日本語支援が必要な日本国籍児童生徒の使用頻度の高い言語は、フィリピン語、日本語、中国語、英語、ポルトガル語、スペイン語、ベトナム語など多岐にわたる。

他言語化の理由としては、リーマンショックによる経済危機や震災以降、日系ブラジル人・ペルー人に代わりアジア各国から働き手が来日したこと、海外で育った日本人の親を持つ子供の呼び寄せ、親の海外駐在帯同からの帰国、国際結婚の増加などが考えられる。

さらには日本語指導が必要な児童生徒が在籍する学校の約4割は、そうした児童または生徒が一人しかいないという状況で、散在化が進んでいることが分かる。

支援が必要な子どもたちは、言語や環境などさまざまな面で多様化しているのだ。

（出典：ニッケイ新聞「来日児童生徒をどう受け止めるか」2016年10月7日）


教育委員会からの支援もまったくないわけではありませんが、不充分なので、これも今学校現場の抱える大きな問題の一つになっています。

私も1年生担任時代に日本語がまったく話せない東南アジアからの転入生を受け入れたことがあり、そのときは大変でした。

では、何が大変なのでしょうか。

●授業内容どころか単純な指示も通らない

日本語が話せないのですから、当然、授業にはついてこられません。それどころか、単純な指示も通りません（そして辛いことにその責任は子どもには一切ありません）。

こういう子どもにマンツーマンで対応できれば、そこまで問題にはならないのですが、今の学校現場は、日本語が話せても発達障害などで指示が通らない子ども、学習障害などで学習理解が困難な子どもなどを含んだ30～40人ほどの子どもを担任一人〝ワンオペ〟で見なければならないので、その外国籍の子どもにつきっきりになることはできません（その他にも、具合の悪くなった子どもやケガをした子どもを保健室に連れて行ったり、お漏らしをしてしまった子への対応など小学校の担任は本当にマンツーマンで対応するのは厳しい）。

とはいえ、日本語の理解ができないのですから、どうしてもマンツーマンで対応してあげなくてはならない場面が出てきます（上の学年なら他の子どもたちが助けてくれますが、下の学年はそういうわけにもいきません）。

つまり、その際、学級の他の子どもはおざなりになってしまうか、逆に外国籍の子どもを置いてきぼりにしてしまうかになってしまうことになるのです。

日本語の話せない子どもがクラスに入ると担任も子どもたちも本当に大変なのです。

●文化の違いからくるトラブルへの対応も担任が

言葉が上手く通じず、文化的背景も異なる外国籍の子どもと、学級の子どもが喧嘩などのトラブルになることもしばしばあります。

例えば、日本では（良いか悪いかは別にして）喧嘩両成敗という考え方があり、喧嘩をすると双方の悪い点をそれぞれ認めて謝罪するという文化があります。特に小学校の現場ではそのような場面が多く見られます。

しかし、謝罪するという文化が希薄な文化の国の子どもは、なかなか相手には謝らず、余計関係がこじれてしまうといったケースがあります。

多くの人間（しかも文化的背景の異なる人間）が集まれば、トラブルが増えるのは必然で、そのすべてが悪いわけではなく、お互いの学びにもなる場合も多いのですが、これらのトラブル対応を基本的に担任一人で行わなくてはならないことが問題なのです。それはもう「負担」という言葉では片づけられないレベルです。

30～40人を相手に一人ワンオペで、週25～30時間の授業を回していかなければならないミッションを抱えながらの対応になるからです。

●保護者も日本語を話せない場合があり、その対応も担任

また子ども同様、保護者も日本語が話せないケースもあります。その多くの場合で、親戚や知人などが間に入ってくれる場合が多いのですが、やはり日本の学校文化は特殊なようで、細かいニュアンスが伝わらないことも多々あります。

手紙一つひとつの漢字にルビをふったり、英訳した手紙を作成したりして対応している担任もいます。30～40人を相手に一人ワンオペで、週25～30時間の授業を回していかなければならないミッションを抱えながら、です。

行政の側が現場をもっとサポートしてあげなくては教員が潰れてしまいます。

9　給食の問題点

子どもたちが楽しみにしている、給食。

しかし、近年はアレルギーをもつ子どもへの対応のため、担任が毎日献立を確認して、食べさせないようにしたり、除去食を提供したりするのがとても手がかかります。下の学年であればあるほ

ど、配膳の指導もしながらですから大変です。

誤って食べさせてしまい、死亡をさせてしまった事例もあるほどなので、これはとても気を遣う仕事です。私も担任時代、他の子どもには目に触れない場所（個人情報なので）にアレルギー対応用の献立を入れておき、毎日チェックしていました。

また、それだけでなく、アナフィラキシーショックが起きた場合、エピペン注射をうつことも求められています。こちらは実際の経験はありませんが、毎年研修を受けていました。

その他にも自治体によっては学校ごと、クラスごとの残飯量を調べていて、残飯をなくすよう上からのプレッシャーがかかることもあります。保護者の一部にも、学校でも苦手なものを食べさせるよう指導してほしいと要望があります。一方で無理やり強要させれば、体罰として処され、報道されます。

そんな学校給食について、違和感のある点を六つ挙げていきます。

■違和感①：休憩時間に充てられている学校も

私が勤務していた自治体では違いましたが、地域によっては給食指導中を休憩時間に充てている自治体もあるようです。いうまでもなく、休憩時間は「労働から離れることを保障された時間」です（労働基準法第34条）。

労働基準法上の休憩時間とは、労働時間の途中に置かれた、労働者が権利として労働から離れることを保障された時間をいいます。

（出典：独立行政法人労働政策研究・研修機構『労働問題』https://www.jil.o.jp/rodoqa/01anda-ba_jikan/0）

しかし、給食中は配膳、片づけ、子どもの指導などが必要不可欠で、明らかに仕事からは離れられません。給食時間に充てられる休憩時間については、違和感があります。

■違和感②：担任がアレルギー対応も

昨今は、食物アレルギーの児童・生徒にも対応しなくてはなりません。問題は、担任は配膳やその他の指導があるなか、献立表をチェックして、食べさせてはいけない食物を排除しなくてはならないことです。子どもの命にかかわることなので、担任は細心の注意をもって行いますが、前述のとおり、ワンオペで子どもの指導をしながら行うので、どうしてもミスをする可能性が出てきます。実際、２０１２年東京都調布市では、アレルギーによって5年生の子どもが亡くなる事故が起きてしまいました。

同署や市教育委員会によると、女子児童は20日昼の給食で、他の児童用で余っていたチーズ入りチヂミを食べた後に「気持ちが悪い」と訴え、学校側が１１９番。病院に運ばれたが約３時間後に死亡した。急性アレルギー反応の「アナフィラキシーショック」で死亡したとみられる。女子児童はチーズや卵にアレルギーがあり、通常は該当する食品を除いた給食を食べていた。

（出典：日本経済新聞「給食後に小5が死亡　東京・調布、アレルギー反応か」２０１２年12月21日）

現状、教室では担任以外にチェックをしたり対応したりする職員がいないので、担任のマンパワーに依存している状態といっても過言ではありません。

■違和感③：エピペン注射も

頻度は多くはありませんが、アレルギー症状がひどい場合、アナフィラキシーが起こることもあります。

アナフィラキシーは、発症後、極めて短い時間のうちに全身性にアレルギー症状が出る反応です。

（中略）

血圧の低下や意識障害などを引き起こし、場合よっては生命を脅かす危険な状態になることもあります。この生命に危険な状態をアナフィラキシーショックといいます。

（出典：Mylan エピペン公式サイト「アナフィラキシーってなあに？」

https://allergy72.jp/anaphylaxis/what.html）

このアナフィラキシーが起きたときにできるだけ早くうたなければならないとされているのが、エピペン注射です。

エピペンは、アナフィラキシーがあらわれたときに使用し、医師の治療を受けるまでの間、症状の進行を一時的に緩和し、ショックを防ぐための補助治療剤（アドレナリン自己注射薬）です。

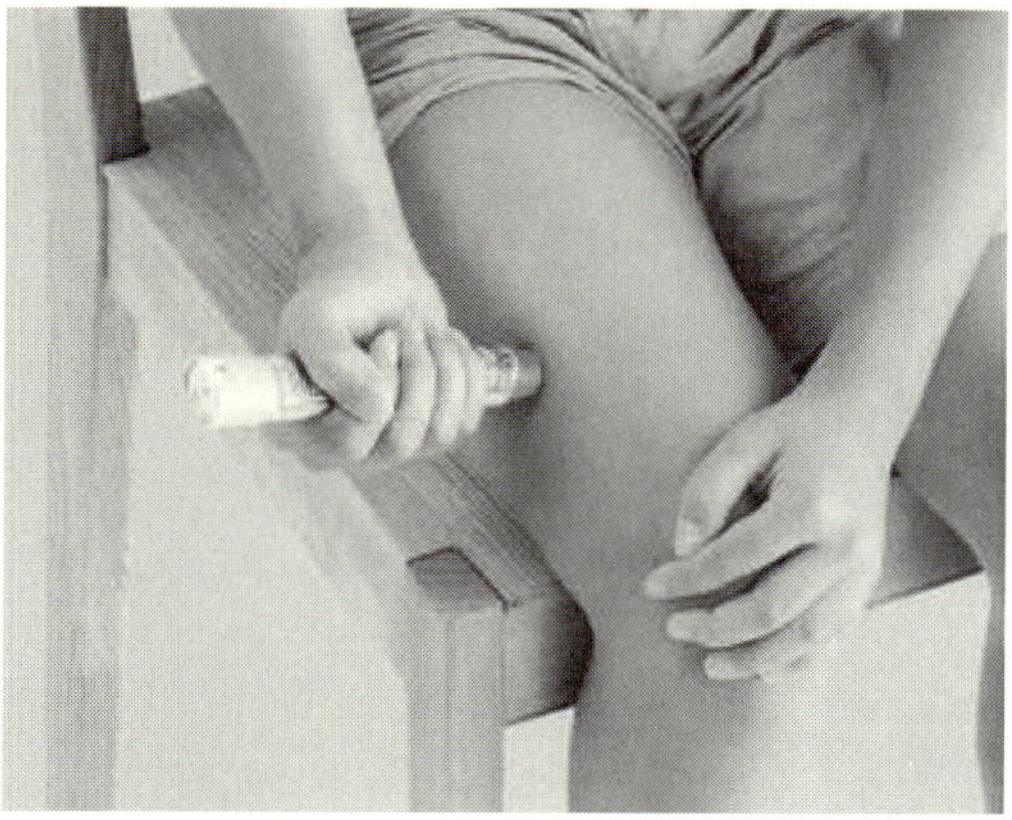
エピペン注射

（出典：Mylan エピペン公式サイト「エピペンについて」
https://epipen.jp/about-epipen/photo.html）

本来は自己注射、つまり自分でうつのが基本なのですが、小学生だとそれが厳しい場合も多く、そうなった場合、教員がうつこととされています。しかし、１時間程度の講習しか受けていない、医療従事者でも何でもない素人の教員が注射をうつ……。法律的には問題ないのでしょうが、自信をもってエピペンをうてる教員はどれくらいいるのでしょうか。

■違和感④：割れる皿

自治体によって異なりますが、割れる皿を使用している自治体も少なくないのが現状です。小学校低学年の子どもは配膳中に落としてしまうことが多々あります。過去には、その割れた皿の破片で目に大けがを負ってしまった事故もあります。

また、ケガまで至らなくても、その後の対応が大変だったり、クラスがネガティブな雰囲気になったりと、割れる皿にはリスクしかないと私は思います。割れない皿に変えるべきではないでしょうか。

■違和感⑤：苦手なものを給食で子どもに食べさせようとする教員・親

学校ではいまだに「苦手なものでも一口は食べよう」と指導している教員が多いのが現状です。また、担任にそのことを期待している親も多いくいます。自治体によっては残飯量を学校ごとクラスごとに示して現場にプレッシャーを与えるところもあります。

しかし、前述のようなアレルギーやアナフィラキシーショックのリスクがある（アレルギーと認識していない食物でも反応が出る場合もある）なか、果たしてそれは学校・教員の役割なのでしょうか。家庭で行うべきことではないかと思うのですが。

■違和感⑥：担任が行う給食費未納の取り立て

給食についてもう一つ大きな違和感は、未納家庭の取り立てを担任が行うことです。私も担任時代、行ったことがあります、何度か振り込むようお願いして、それでも振り込んでいただけなかったので、**自宅まで集金**しに行きました。

もちろん一義的には滞納する保護者が悪いですが、担任に取り立てを行わせる行政、学校管理職も間違っていると私は思います。行政側などの事務職が行うべき仕事ではないでしょうか。

第1章の最後に

第1章では、学級崩壊、行事、学力テスト、習熟度別算数、英語、土曜授業、給食などについての問題点を挙げてきました。

ネガティブな面ばかり取り上げてしまったので、ここでポジティブな側面にも言及しておこうと思います。

例えば、学級崩壊について。学級崩壊を起こすのは、あくまでも一部のクラスであることが多く、現場の教員や保護者の協力によって大半のクラスはきちんとした学習が行われています。また、学級崩壊が起きても、隣のクラスの担任が問題行動を起こす子どもを一時的にピックアップしたり、担任以外の先生がそのクラスのことを何かと気にかけてフォローしたりと、見て見ぬふりする教員がいる一方で、なかには尽力する教員も確実にいます。

そのほか行事にしても当然、悪い面ばかりではありません。行事を通じて大きく子どもが成長したり親がその成長を実感でき子育てのモチベーションを上げられたりと良い面もあります。

給食にしてもそうです。滞納する親がいる一方で、ほとんどの保護者はきちんと支払われていますし、多くの方の尽力と税金のおかげで、一食あたりの金額の安さ（３００円程度）であのクオリティの昼食は素晴らしいの一言です。

このように悪い面ばかりではありません。しかし数多くの課題もあるし、もっと改善を図れることもたくさんあります。

第2章　保護者編

テレビをはじめとしたマスコミでは、過激なクレームが取り上げられることが多い保護者。第2章では私が経験した、どこの学校でもある保護者会、ＰＴＡ、個人面談、クレームなどについて取り上げていきます。

1　保護者会、担任の本音

専業主婦が当たり前だった時代には全員出席が当然だった保護者会。

しかし、共働き世帯やシングルマザーが増えた昨今、地域によっても多少の異なりはあるでしょうが、欠席する親も多いのが実情です。私の勤務校の一つでは半分来れば多い方、という感じでした。

保護者の方々はなぜ欠席するのでしょうか。

仕事の都合がつかない、用事がある、理由はさまざまでしょうが、根本には共通して、「行っても意味がないから」と考えているからではないでしょうか。

実際、まったく意味がないかといえばそんなことはありません。担任から学級や子どもの様子の話を直接聞くことはできるし、他の保護者とコミュニケーションをとることもできます。

しかし、仕事を休んでまで行く価値があるかどうかというと話は別です。欠席する保護者の多くはそう考えているのではないでしょうか（仕事を休んでまで行く価値のある保護者会は同時に行われるＰＴＡ役員決めのときのみ）。

そのように欠席する保護者が多いと、担任側としては当然その場で重要な話はできません。欠席した親にも分かるように話す内容をまとめた資料をあらかじめ作成します。するとますます、保護者は来なくなる、そんなスパイラルのなかにあるのが現在の保護者会です。

であれば、年に何度も保護者会などやめればよいのに、時代の流れについていけない、というか、「保護者会やってます！」と校長や教育委員会がアピールしたいがために、多くの学校では減らすこともしません。

そうなるとどのような会になるかというと、担任が現在のクラスの様子や今後の行事予定について話したり、保護者同士で交流させ、資料を配布して終わり、という、わざわざ時間つくって足を運ぶ必要のない会に終始するのです（荒れている学級だと担任を紛糾したりする場合もありますが）。

このような保護者会について、担任時代の私がどう考えていたか、その本音です。

●担任の本音

正直、来なくてよい！

いきなり驚かせたかもしれません。でも、これが担任の本音です。来るな、とまではさすがにいいません。

しかし、**「言えないけれど正直来てくれなくて良い」**、そう思っている担任が多いのです。そもそも半分以上の親が来ないことが多いのに、重要な話なんてできません。ですから、前述の通り、きちんと伝えるべき情報は、それを読めば分かるよう「資料」にして配布します。

「資料」を読めば済むわけなので、現在の保護者会、どうなっているかというと、来校する保護者は、クラスの半分以下の保護者(来校する保護者のほとんどは専業主婦)。子どもの様子を伝えたり、資料の補足をしたりする担任。

はっきり言って、子どもたちの様子なんて我が子に聞けば良いわけですし、資料の補足なんて資料を読めば分かるのですから必要がない場合も少なくありません(新1年生説明会や宿泊行事の説明会などの明確な目的のある保護者会は別です)。

もちろん、日頃撮りためた子どもたちの様子を収めた写真を見せるとか、来てくれた保護者に少しでも「来て得したな」と思ってもらえるように努力している担任もいます。しかし、多くの担任は本音では、「正直、保護者に来てくれなくて良い」と思っています。

保護者会の準備をする時間があったら、子どもの指導の準備のために使いたい、そう思っています。

そう考えると保護者会というのは、ほとんどの母親が専業主婦で、全員参加できた前時代の名残でしかないような気がします。しかしなくなるか（回数が減るか）というと、学校は世の中の人が思う以上に、時代の変化に合わせて変われないので、今のところ回数を減らすこともなかなかありません。

●担任も巻き込まれるＰＴＡ役員決め

年度初めの保護者会、保護者が来校する目的は、ＰＴＡの役員決めではないでしょうか。担任も、保護者が自分の話なんて、どうでもよく、その後に行われる役員決めのことが気になって仕方ないことを知っています。

この役員決め、学校によっては担任にやらせるところもあります（保護者会後、保護者のみで決めるところもあります）。

すんなり決まれば問題はありませんが、大抵中々決まりません。そこまでは仕方ないです。今時、共働きの家庭も多いですし、「こんな仕事必要？」と思うＰＴＡの役割もあります。できればやりたくない気持ちは担任もよく分かっています。

しかし、毎年ちらほらと、そのイライラを担任にぶつける親がいます。

例えば、「小さな子どももいて仕事もあるのにできません！（怒）」とか、「ＰＴＡって加入任意ですよね！（怒）」とか。それ、担任にキレられても……、という感じです。

「一体何なの？」

担任は正直、そう思っています。ＰＴＡ役員決めとか勘弁してくれよ、と。

これから1年間、担任・保護者ともに協力してやっていきましょうね、という顔合わせの日なのに、いや〜な感じでスタートを切ることになるのです。

2　担任からみたＰＴＡ

今、深刻な問題となっているのがＰＴＡの問題です。

ほぼすべての家庭に専業主婦がいた時代には活発に行われていても問題はなかったのでしょうが、明らかに時代にそぐわなくなっています。

これは個人的な意見ですが、ＰＴＡ活動を端から見ていて、正直、「この仕事必要か？」と思うことが少なくありませんでした。おそらく、ＰＴＡの目的は必要な仕事を行う組織というより、もともと親同士の親睦を図ることがあったからではないでしょうか。だから、あまり必要ではないと思われる仕事も残っている、そういう感じでしょうか。

しかし、時代はとっくに変化しているのに、変わらない……。ＰＴＡも、職員室や教育委員会と同様の悪しき文化をもってしまっているように思います。

以下は、私個人が教員時代にＰＴＡに対して違和感をもっていたことです。

■違和感①：ＰＴＡ役員決め

前述のＰＴＡの役員決め。

学校によってＰＴＡの役員決めの方法は異なると思いますが、私の勤務校は新年度一回目の保護者会で担任が中心になって決めていく方法の学校でした。これからともに手を携えてやっていきましょうという日なのに、親の関心はもっぱら役員決め。スムーズに決まらなければ不穏な空気になるし、役員に選出され不機嫌な親にキレられた同僚もいました。この学校では毎年、役員決めは担任にとっても憂鬱でした。

■違和感②：ＰＴＡ広報誌

子どもたちにＰＴＡ広報誌を配るたびに、「これ要るか？」と私は思っていました。昔はほとんどの母親が専業主婦で、暇だったから広報紙を作成する過程で親同士のコミュニケーションできたりして良かったのだと思います。しかし、そんな牧歌的な時代はとっくに終了しています。

教員の記事なども、写真撮影や「趣味は？」みたいなアンケートに応じたりするの、忙しいのにもう！　こんなこと誰が知りたい？　という風に私は正直感じていました。

誰も積極的に読みたいとは思っていないし、お金もかかるし、何といっても忙しい保護者の時間を奪うＰＴＡ広報誌、なくした方が良いと思うのですが……。

■違和感③：ＰＴＡ行事への無償参加

土日に実施する漢字検定・算数検定の監督官、なわとび大会や卓球講座など、本来アルバイトや講師にギャラを払って行うべきものを教員に負担させるＰＴＡ。

そして保護者からの評価を高めるために、安請け合いする校長。

これらの活動への参加は形式的には教員もＰＴＡの一員ということでの「自主参加」ですが、職員室では担当が割り振られるなど実質的には「残業代ゼロの時間外労働」です。

私はこれらの活動に有言・無言の圧力で駆り出されて休日が犠牲になる度に、ＰＴＡなんていらない！　と思いました。ギャラを払って外部に委託するか、親自身で運営するか、どちらも無理なら当該活動を廃止すべきではないでしょうか。

■違和感④：PTA会費の徴収

タダ働きを強要されるだけではありません。教員もPTAの一員ということで、会費も徴収されます。「なぜお金を稼ぐために勤務しているところでお金を取られなくてはいけないんだ！」と思った私は、ある年思い切ってPTAへの加入を拒否したことがあります。そのときのことを振り返ってつぶいやいたツイートがこちらです。

> 教員時代「任意なのだからPTAに加入しないし、会費も払わない」旨校長に伝えたことがある。すったもんだの末、払わなくて済むようになったが、数か月後、校長が私の会費を勝手に払っていて強制加入させられていたことを知った。管理職にとって教員の欠員が知れるとマズかった模様。
> 任意なのにね。
> (https://twitter.com/makoto_touwa)

このとき、PTAとは本当は任意でも何でもない嘘の固まりだ、と思いました。

■違和感⑤：周年アルバムの記事執筆

公立学校は10年に一度、創立○周年という行事が行われます。地域によっても異なると思いますが、私の勤務する学校では、行事以外に卒業アルバムのようなアルバムを作成することが慣例でした。アルバムの内容は、市長挨拶、地域・学校の歴史、学校の今、子どもたちの将来の夢などでした。当時、PTAからの要請を安請け合いする校長だったこともあり、市長の挨拶以外のページ、すべて教員が作成にあたりました。記事執筆から地域の写真撮影、印刷業者との打ち合わせまでです。

その時期、私はただでさえ忙しいのに卒業アルバムの編集に追われて、授業の準備ができなくなりました。子どもたちのためのPTAなのに、子どもたちのためにならないことを教員に強要するPTAに大きな違和感をもちました。

■違和感⑤：勘違い会長

近隣の夏祭りにボランティアで参加させられたときのことです。ほろ酔い気味のPTA会長がこう言っていました。

「いや〜、PTA会長にこんな権限あるとは思ってなかったよ。人事とか教育委員会からもいろいろ意見求められるし」

PTA会長の仕事、大変だと思いますから、無償で数多くの仕事をしていることについては尊敬の念をもっていました。しかし中にはこういう勘違いしちゃう人が現れてしまうのもまた事実です。

私は、こういう人を見ると「PTAなんてなくて良いのに！」と思っていました。

■違和感⑥：我が子そっちのけで過度に活動をしている親

ＰＴＡ活動を熱心にされること、これは素晴らしいことだと思います。しかし、低学年の子どもを家で一人で留守番させてまでＰＴＡ活動されている方や自身の子どもの躾がなっていないのにＰＴＡ活動で他人の子どもの教育に一生懸命な方を見たときに、順番が違うだろうとは思いました。

まずは、自分の子どもをしっかりと教育する、これが学校への貢献にもつながります。

ＰＴＡ活動は、学校によくある、**「皆が本当はやりたくないこと（かつ意味がないこと）」**を続けていることによって起きる弊害の、象徴的な出来事の一つであるように私は思います。どう考えても、時代の変化に合わせて本当に必要な仕事だけに絞っていくべきで、それが子どものため、保護者のため、教員のためになる、それが個人的な考えです。

3　事実が言えない個人面談？

一昔前の家庭訪問、今は保護者が学校に赴く個人面談。

個人面談は、担任と親が学校での子どもの様子を伝え（聞き）、子どもの成長や課題について共通認識をもったり、保護者のニーズを共有したりする場です。

担任としてはとても気を遣う仕事の一つです。

ここぞとばかりにクレームを入れてくる親、1時間以上世間話をする親、連絡なしでドタキャンする親……。さまざまな親がいますが、中でも担任が気を遣うのが発達障害の疑いを伝えなくてはならない親との面談です。

発達障害とは、

・注意力の欠如や衝動性などを特徴とする注意欠陥多動性障害（ADHD）

・「書く」、「聞く」、「計算する」など特定の分野の学習に困難を示す学習障害（LD）

・知的発達に遅れのない高機能自閉症

これらのような子どもを指します。

文部科学省の調査では、学校には約6パーセントの子どもが発達障害の可能性があるとされています。

全国の公立小中学校の通常学級に在籍する児童生徒のうち、人とのコミュニケーションがうまく取れないなどの発達生万涯の可能性のある小中学生が6.5％に上ることが5日、文部科学省の調査で分かった。推計で約60万人に上り、40人学級で1クラスにつき2、3人の割合になる。

（出典：日本経済新聞「小中学生の6.5％に発達障害の可能性　４割は支援受けず」2012年12月5日）

つまり、程度はともかく、少なくても各クラスに２～３人はいるということです。

個人面談は親にまだその認識がなくて、子ども本人や家族、クラスのために保護者にその認識をもってもらうために伝える場となります。

しかし、昨今では敢えて伝えることをしない担任も少なくありません。

なぜでしょうか。

■親に伝えない理由①：攻撃されるリスク

担任が敢えて伝えない最大の理由は、発達障害の疑いを伝達した後に親に攻撃されるリスクが高いからです。

どういうことでしょうか？

親にとって、我が子が発達障害（の疑いあり）ということを知らされるショックというのはかなり大きいようです。これまで我が子が発達障害だと疑っていなかった親なら尚更です。

発達障害の疑いのある子どもは今、6.5パーセントもいるので40人学級であれば約３人もいて、レアケースというわけではないのですが、保護者にとっては発達障害の「障害」という言葉がショックなようです。

ショックを受けても最終的には受け入れられる親は問題ないのですが、問題は時間を置いても受け入れることができない親です（私の経験で多かったのは、片親は受け入れたもののもう片親が受け入れられないというケースです）。

こういう親は、事実を受け入れられないので、「そんなこと言い出す担任が悪い」、「担任の指導が悪いから我が子が発達障害的行動をとってしまっているのだ」と考え出します。

そうであれば、我が子は発達障害ではなく、ショックを受けなくて済むからです。

それを正当化するために、どうするかというと、担任のすべてを否定し、事あるごとに攻撃するようになります。他の親に自身に都合の良い噂を流して味方を増やしたり、我が子に担任の悪口を言ったりする親もいます。

担任にとっては、一度そうなってしまうと、最低でも1年間はその攻撃に付き合っていかなくてはならないので、できる限りそのような事態を避けたいと考えています。

親が我が子を発達障害であることを知れば、いろいろと対応もでき、結果、子どものためになるので、基本的には担任は良心により伝えようと考えるのですが、そのような攻撃されるリスクを冒してまでは伝えようとはしません。

ですから、担任は個人面談などの機会でのやりとりから、「この親御さんなら受け止められる」との確信を得た場合のみ、伝えることになります。

本来、担任はすべての親にきちんと伝達するべきことです。しかし、攻撃されるリスクを負う（また、担任を守らない管理職が多い）現状では、そのことで担任が責められるのは酷ではないかと私は思うのです。

■親に伝えない理由②：具体的な手が打てないケースも

小中学生の6.5パーセントといっても、障害の程度はさまざまです。特別支援学校に通うレベルから、特別支援学級への通級が必要なレベル、本当は特別支援学校への通級が必要だが定員がいっぱいでそれが叶わないレベル、ギリギリ普通学級でやっていけるレベルなどその状況は子ども一人ひとりによって異なります。

普通学級の担任が遭遇する最も多いケースは、「ギリギリ普通学級でやっていけるレベル」、「本当は特別支援学校への通級が必要だが定員がいっぱいでそれが叶わないレベル」の発達障害の子どもです。本来であれば、通級への通学や普通学級で支援員をつけたりできれば良いのですが、予算の問題でそれが可能な人数は限られています。

人数が限られているので、より重度の障害をもつ子どもたちですでに席がいっぱいになっている自治体が多いのです（特に都市部では）。

そうなると、担任としてできることは、保護者への情報提供やスクールカウンセラー（ＳＣ）の紹介など、その程度に過ぎません。具体的に手を打つのが難しいケースも少なくありません。

■親に伝えない理由③：〝証拠〟の用意が大変

子どもの発達障害の可能性を伝えることには大きな責任が伴います。そう考える根拠が必要となります。ＡＤＨＤなら具体的な授業中の様子や他の子どもとのかかわりのケースについて、ＬＤなら特定の学習が弱いという結果について、提示しなければ説得力がありません。

このような〝証拠〟を集め、整理し、提示できるような状態にする時間が充分にあればよいのですが、現状担任は非常に忙しく、まったくそうではありません。

なぜなら、驚くべきことに学校の世界は、子ども（授業）や保護者（個人面談）に係る準備の時間は、仕事の優先順位が最後になっているのです。

結果、担任はそこまで手が回らず伝えられない、ということもあります。しかし、彼らは決してサボっているわけではなく、その時間を用意していない上の人たち（あるいは制度）の問題なのです。

担任は、クラスの親から攻撃されると精神的にも疲弊するし、校内での評価も下がるので、そのことを非常に恐れています。親が本気で敵対心をもって本気でクレームを入れようと思えば、担任に落ち度がなくても一挙手一投足をとらえて揚げ足取りをするのはいくらでも可能だからです。

ですから、発達障害の疑いを伝えることをはじめ、親子にとって必要な話でもなるべくネガティブな話題を避けるという担任も多いのが実情です。

4　クレームで追い詰められる担任

クレームに怯えながら子どもの指導を行っている、現在の学校教員。では実際に親に敵対心をもたれ、クレームを受けた場合、どうなるのでしょうか。

●保護者に追いつめられる

民間企業と大きく異なるのは、クレームを入れてくる保護者の担任になると、最低でもその1年間は付き合っていかなくてはならないことです。

これは大きな精神的苦痛です。

現役の小学校教員が本音を明かすサイト『仕事のプロが本音を明かす　hone.biz』でも、次のように書き込まれています。

接客商売との違いは、教師の場合は、いったん担任となると、そういう親に、1年間付き合わなければならないこと。［40代女性教員］（出典：仕事のプロが本音を明かす　hone.biz　https://honne.biz/job/a1010）

クレームを入れてくる当該保護者はもちろんですが、その周りの保護者からも精神的苦痛を受ける場合もあります。また、当該保護者が自身の主張が通らないからといって、自分の都合の良いように周りの保護者に言いふらしたり、悪意をもって悪い噂を流したりすることもあります。

保護者同士のつながりで悪意ある噂をながされ人格を否定される。［30代女性教員］（出典：仕事のプロが本音を明かす　hone.biz　https://honne.biz/job/a1010）

●管理職に追いつめられる

周りの保護者だけならまだマシです。担任と話して納得のいかなかった保護者は、大抵今度は管理職にクレームを入れます。また、担任を通さずいきなり管理職にクレームを入れてくる保護者もいます。

そうなると、管理職はどう対応するのでしょう？

保身のために、保護者の側に立つ管理職が多いのが実情です。担任の側に立つ管理職は皆無です。

なぜなら、学校は保護者に対して圧倒的に立場が低いからです。

地域、保護者に対して極度に立場が弱い。［30代男性教員］

（出典：仕事のプロが本音を明かす　hone.biz
https://honne.biz/job/q1010）

管理職にとって重要なことは、子どもにとってどうかとか、どちらが正しいかどうかとかではなく、**「事を収めること」**であるのです。

つまり、自らの保身です。

校内で上手くクレームを抑えられないと、保護者は次に教育委員会にクレームを入れます。管理職は後々教育委員会から怒られたくないし、評価も下げられたくない、ということです。

このように管理職が保護者の側に立つことで、結果、担任が犠牲になるケースが多くなります。

担任は保護者からのプレッシャーだけでも大変な苦痛なのに、管理職からもプレッシャーを受けることになるのです。

●教育委員会に追いつめられる

管理職と話して納得のいかなかった保護者は、大抵今度は教育委員会にクレームを入れます（ちなみに、担任を通さずいきなり教育委員会にクレームを入れてくる保護者もいますし、ひどいのになると自治体の首長に訴え出る親もいます）。

すると、「問題を起こさないこと」が評価されるメンタリティの教育委員会は、担任をねぎらうなんてもってのほか、「何やってんだ、担任！　余計な仕事増やしがって！」というトーンで担任を責めることになります。

私自身も実際、教育委員会に呼び出しを食らって、叱られたことがあります。『仕事のプロが本音を明かす　hone.biz』には、同様の経験をされた方の書き込みもあります。

指導主事もパワハラに等しい暴言を吐く。若い教師を「指導」すると称しながら。
［20代女性教員］　（出典：仕事のプロが本音を明かす　hone.biz

https://honne.biz/job/q1010)

教育委員会にとって重要なことは管理職同様、子どもにとってどうかとか、どちらが正しいかどうかとかではなく、「事を収めること」であるので、このような対応になるのです。

担任は、保護者に苦しめられ、管理職にも苦しめられ、教育委員会にも苦しめられるのです……。

●同僚に追いつめられる

これに留まりません。小学校の場合特に、他人の学級に対して基本「無関心」であるし、「保護者対応に失敗した」という冷たい目で見られる場合もあります。

ひどい場合は、同僚の失敗を楽しむ不届き者もいます。

ひそかに人の失敗を楽しむ人がいる。【40代女性教員】
（出典：仕事のプロが本音を明かす　hone.biz
https://honne.biz/job/q1010)

このようにして担任は、保護者に苦しめられ、管理職にも苦しめられ、教育委員会にも苦しめられ、同僚にも苦しめられます……。

●子どもに追いつめられる

極めつけは子どもです。

子どもたちは親たちから情報を得て、「○○ちゃんのお母さんが校長先生に言って、△△先生は校長先生に怒られたんだってー」みたいなことを言い出すことも場合によってはあります。本当の場合もあるし、本当にはそのような事実はないのに変な噂が子どもたちまで広がっていくこともあります。

親が子どもに吹き込むことによって、子どもからも追い詰められることもあるということです。

いうまでもなく、このような類いのことが起きれば、担任の子どもたちからの求心力はたちまち下がっていきます。

●クレーム予防を必死に考える教員たち

このように、クレームを受けると良いことは何もないので、教員はひたすらクレームに怯え、常にいかにクレームを予防するかを考えています。

その一つが、「他のクラスの子どもを叱らないようにすること」です。

例えば、自分の学級ではない子どもが廊下で本気の鬼ごっこをしているという問題行動があったとします。本来、安全管理上、廊下を走ってはいけないと厳しく指導すべきですが、厳しく指導した日には親からクレームが入ることがあります。

今の教員にとって親からクレームを受けることは、職場での評価を落とす大きな痛手となります。だから、特に責任を負っていない他のクラスの子どもを指導しようとはしなくなっているのです。デメリットしかないからです（教育者として本当はおかしいのですが、このようなことを考えざるを得ないほどに今の教員は追い込まれています）。

また、いくらこちらが正しくても当該クラスの担任や管理職はクレーム対応せざるを得なくなり、迷惑がかかるという心理も働きます。

このように、親からクレームが入ると面倒な目に遭うので、見てみぬフリをして他のクラスの子ども（場合によっては自分のクラスの子どもも）を叱らないようにする教員が増えているのです。

また、「何でも過度に学年（学校）で揃えること」もクレーム予防の一つです。一昔前は悪くいえば学級王国と揶揄され、良くいえば独自性が認められた学級経営ですが、今は学習の進度、細かい持ち物のルール、学習の指導方法、宿題など担任はクレーム予防として学年（学校）で横並びにすることにとても気を使っています。

なぜ揃えることがクレーム予防となるのかいうと、何か指摘されたときに、「学年（学校）で決めて合わせてやっていますから！」と対応すると、ほとんどのケースでそれ以上保護者が追及してこないことを教員が学んだからだと思います。多くの日本人（保護者）は、〝みんな（学年）で決めたことは覆せない〟というよく分からない傾向があるようです。

私なんかは、クラスによって子どもの実態は異なるのだから、子どもたちに合わせて指導すれば違いが生まれることもあると思うのですが、今学校現場では学年（学校）で揃えることがクレーム予防になるのでせっせと行っているのです。

さらに、前述の「二分の一成人式」もクレーム予防の一環として実施している側面も否めないのではないかと私は考えています。何かネガティブなことが起きても我慢できるように、あらかじめ親を感動・感激させることによって学校への好感度を上げておき、未然にクレームを防ぐという感じです。

しかし、なかにはどうしても未然に防げないクレームもあります。

●大変なのは過激なクレームだけじゃない

クレームというと、テレビなどでは視聴者の関心を誘うために、どうしても過激なクレームばかりが取り上げられます。「朝起きられないからモーニングコールください」と言う親とか、「風邪で休んだ分の給食費を返せ」と言う親とか、ウチの子を学芸会の主役にするようにと要求してくる親などです。

しかし、**教員が疲弊するのは、このような非常識で過激なクレームだけではありません**。一見そこまで非常識ではないように思われる親からの要求に苦しむこともあります。

■防げないクレーム①：「宿題を増やして！」

その一つが宿題です。宿題を増やせ、減らせと要求が入ることが多いです。決して過激な要求ではありませんが、私はほぼ毎年このようなクレーム（要求）を受けていました。

そもそも宿題はとても曖昧です。学校（担任）側が保護者の同意を得ていないにもかかわらず、勝手に課題を出し、実際に子どもにやらせるのは親なのです。元々は、家で親が家庭学習させるより、学校の先生が課題を出した方が授業との関連で課題を与えることができ学習の効率が良い、ということで広まった日本独自の学校文化の一つで、もちろん良い面もあるのですが、当然各家庭によってニーズは異なります。

私が担任のときには自分が直接見てあげられないので、全員に（下位層の子どもにも）しっかりと宿題を提出させるために最低限の量にしていました。そのため、毎年、「宿題の量を増やして！」

というクレームを受けていました。

■一見非常識でないクレーム②：「今日、学校に行きたくないと言っています！」

「今日、学校に行きたくないと言っています！」と担任を攻撃してくる親もいます。

その頻度が毎日（毎週）だったり、いじめなどの行きたくない重大な理由があったりする場合は別ですが、そうでないケースも多いです。人間、「今日は学校（会社）行きたくないなー」という日もあって当然で、普通の良識ある親ならば「何言ってんの！　行きなさい！」で終わりのはずが、我が子のことが心配で（仕事にも行かなければならないので）担任を攻撃している親を何人か見ました。

担任としては事実そうだとしても、「人間、行きたくない日もあります」なんて対応したら火に油を注ぐので、ひたすら親の話を聞かされることになります。結果、子どもを甘やかす結果にもなります。

これも過激ではないものの、担任が年に数回は直面するクレームの一つです。

第2章の最後に

クレームが一切なく教員が好き勝手やっていた時代に比べ、保護者のクレームのおかげであまりにも外れたことを行う教員がいなくなったということからも、私は親のクレームの全てが悪いとは思いません。

しかし、自分のことしか考えずにクレームをする親や学校側が必要以上にクレームに右往左往することについては問題があると考えます。

難しいことではあるでしょうが、親が自分のことだけでなく子どものことや学校のことまで冷静にしっかりと考えることができ、学校側が誠実にときには毅然とした態度でクレームに臨めば、〝学校――保護者〟のコミュニケーションは円滑に進むし、個人面談ではもっと〝真実〟が語られるのではないかと思います。

また、ＰＴＡについては、時代に合わせて本当に必要な活動だけに絞るべきです。本当に必要な活動とは、つまるところ「子どものためになる」活動だと思います。

本来、親のクレームも個人面談もＰＴＡもすべて、「子どものため」であるべきなのです。その当たり前すぎる当たり前のことを取り戻すことが今、求められていると私は感じます。

第3章　職員室編

学校のなかで一般の方が最も知ることができないところが職員室ではないでしょうか。

第3章では、教員の長時間労働、研修、校内研究について、私が出会った同僚や管理職などについて取り上げ書いていきます。

1　何がそんなに時間かかる？——長時間勤務の要因

昨今、その長時間労働やブラックな労働環境が報道されるようになりました。2016年に行われた連合総研の調査では他業種と比較しても教員の労働時間が長いことが明らかにされました。

週に60時間以上働く小中学校の先生の割合が70～80％に上ることが、全国の公立小中学校の教諭約4500人を対象にした連合のシンクタンク「連合総研」の調査でわかった。

（中略）

調査では、週あたりの労働時間を20時間未満から60時間以上まで5段階に分けた。小学校教諭で週60時間以上働いている割合は73％、中学校は87％。小中とも50時間未満の教諭はいなかった。単純には比較できないが、11年に労働政策研究・研修機構が調べた医師の40％を大きく上回ったほか、連合総研が16年に調査した建設業の13・7％、製造業の9・2％、運輸・情報通信業の9・0％を大きく上回っている。

（出典：朝日新聞「小中教諭の7割、週60時間超勤務　医師や製造業上回る」2017年1月14日）

実際、現場レベルではどうなのでしょう？

ここでは私のケースを挙げます。私は平日毎朝7時台から仕事を始め、毎晩21～22時まで働いていました。土日も片方は丸1日仕事にあてていました。

何をしていたのでしょう？

平日についてです。

朝です。私が勤務した学校のなかには勤務時間より子どもの登校時間の方が早い学校もありました（そもそも超おかしいことですが）ので、7時台には学校で仕事を開始していました。子どもが在校中は当然、授業。下校後は、

・さまざまな会議

・教育委員会からの調査、書類への対応

・校務分掌（学校で割りてられた仕事）
・学年会計の仕事
・学校ホームページの更新
・保護者からの電話対応
・保護者への連絡（怪我やトラブル、忘れ物などの報告）
・児童相談所、教育センターなどの他機関との連携（虐待など）
・不登校児への対応
・通知表の作成
・ＰＴＡ・地域イベントへの参加
・（地域によっては）部活動の指導
・下校トラブル（ウチの子が帰ってきません、喧嘩など）への対応
・学級事務
・授業の準備

これらの仕事を休憩時間なく、行っていました。なかにはなぜこれが教員の仕事？　と首をかしげざるを得ない内容もいくつか含まれていますが、決して勤務時間内で終わる仕事量ではありませんでした。

これは私だけでなく、ほとんどの同僚も同じでした。

文部科学省の調査でも小学校教員の1日平均在校時間は約11時間となっています。

> 全国の公立小中学校の教諭の1日平均在校時間は、小学校で11時間35分、中学校で12時間6分に上ることが27日、文部科学省の調査で分かった。
>
> （中略）
>
> 調査は2014年11月、全国の公立小中学校451校の「校長」や「副校長・教頭」、「教諭」、「事務職員」など11職種の計9848人に聞いた。
>
> （出典：日本経済新聞「小中の教員、在校11時間超」2015年7月27日）

では、仕事の中でも何がそんなに時間がかかるのでしょうか。ここでは代表的な仕事を五つ挙げます。

■時間のかかる仕事①：教育委員会からの調査、書類への対応

教育委員会から提出を求められる膨大な調査、レポートなどの書類の数々……。

挙げればキリがありませんが、人事考課の自己申告書（詳しくは後述）、学級経営案の作成、い

じめ調査、授業時数、研修の報告書作成、学校評価、体力テスト、学力テスト、各種アンケートなどの実施・集計・報告……などです。

文部科学省が行った２０１４年の調査に、「教員が最も負担に感じる業務は、国や教育委員会からの調査やアンケートへの対応」というブラックジョークのようなものもあります。

> 小中学校の教職員の多くが、国や教育委員会が学校現場に要請するアンケートなどの回答業務を負担に感じていることが27日、文部科学省の調査で分かった。回答業務に携わる教員のうち、小中ともに9割近くが負担感を感じていた。
>
> （中略）
>
> 最も多かったのは、国や教委から学校現場へ依頼のある調査への回答で、小学校は87％、中学校は86％に上った。
>
> （出典：産経新聞『国のアンケートが「負担」文科省、教育現場の業務緩和ガイドライン提示』２０１5年7月27日）

私も担任時代、毎週毎週、教育委員会への書類の締め切りがあり、時間外労働をすることで何とか間に合わせていて、とても負担に感じていました。

どのように負担がかかるのでしょう？

ここでは「いじめ調査」を例にして取り上げてみます。

いじめ調査、まず教育委員会から送られてきたアンケート用紙を子どもに配布し、記入させるところから始まります。アンケートは、「友だちにいじわるなことをされていますか？」や「いやなことを言われたことがありましたか？」などの質問事項に対して、「はい」、「いいえ」で答えるものです。

次に、集計を行い、この質問事項に対して、「はい」と答えた子ども全員に対して、それがどのようなことだったのか一人ひとり呼び出して聞き取り調査をしなくてはなりません。なぜかというと、詳細を把握し正確な報告を行うためと、例えば下の学年だと、ケンカといじめの違いもよく分かっていない子どもが、よく聞いてみると実態はケンカなのに「いじめられている」と書いてくるケースも少なくないなど、いじめかどうかの吟味が必要だからです。それをいつ実施するかというと、特別にそのような時間が設けられているわけではないので、自習をさせながらの授業中だったり、給食の時間に個別に廊下に呼び出したりして行います。

そして、当然、問題がある場合は対応を行っていきます。当該の子どもを呼び出して仲裁をしたり、深刻ないじめであれば学年の教員と相談して対応方法を考えたりしていくのです。

教育委員会への報告では、この問題があった場合のケースについて、それが解決したのか、問題が継続中かも含めて報告していきます。
このような経緯を経て行われる調査報告、簡単に終わらない、ということがお分かりいただけたでしょうか。

■時間のかかる仕事②：校務分掌

次に時間を取られるのが「校務分掌」といって、職員室全体で分担される、自分のクラス以外の学校全体の仕事です。

具体的には例えば次のような仕事があります。

・体育部→体育で使用する道具の管理や運動会などの各種行事の提案・運営など
・特別活動部→クラブ活動、たてわり班などの特別活動の提案・運営
・生活指導部→問題行動を起こす児童への対応や特別支援計画の作成、スクールカウンセラーとの連携など
・教務部→児童名簿や年間行事予定、教育計画の作成など
・研究部→校内研究の運営、研究紀要の作成など

これらのうち、おおむね一～二つ程度の部に所属し、仕事を割り振られます。これらの仕事を授業の準備や保護者対応などと並行してこなしていくのです。ほとんどの仕事は、一人で決めて物事

を進めていくことはできないので、会議を重ねたり、周囲に根回しをしたりなどする必要がある仕事も多く、時間を取られていきます。

■時間のかかる仕事③：校内研究

中学校であれば部活動が時間をとられる仕事の代表ですが、小学校では校内研究です。

校内研究とは、１年間をかけてより良い授業の進め方について話し合いをしたり、授業をしたりして教員の授業力を上げる学校ごとの研修のようなものです。

研究という名前がついていますが、研修と思っていただいて結構だと思います。

具体的な仕事は、

・研究内容やテーマを決める話し合い
・児童の実態調査（アンケート）
・学習指導案作成
・授業の準備、本授業の実施
・研究会での振り返り

などを行います。

研究発表校（研究指定校）の場合、校外の教員を招いて行う研究発表会や研究紀要（という冊子）

の作成もあります。

この仕事は授業までに何度も何度も会議をしなくてはならないことや、授業者になると学習指導案という授業の計画を立てたものを作成しなければならないなど、大変手間がかかる仕事の一つです。

この校内研究については後ほど、詳しく説明します。

■時間のかかる仕事④：通知表

通知表の作成も、小学校教員にとって大変手間のかかる仕事の一つです。

作成するためには、

・国語・算数・理科・社会の単元ごとのテストの採点・集計を行い、「意欲」「知識」「技能」の評定をつける
・挨拶や忘れ物、整理整頓など生活態度についての評定をつける
・100〜200文字程度で所見を書く
・特別活動や外国語活動などについての所見を書く

なかでも大変なのが所見です。2週間〜1か月をかけて書いていきます。

小学校の場合、担任は専科（音楽）を除き全教科を担当するのでこれを30〜40人分作成します。

これが終わると、校正→校長に提出→印刷→押印、という流れで完成に至りますが、なかでも担任

は所見に頭を悩ませます。そのためにこの時期の勤務時間は他の時期に比べてさらに長くなります。私はこの時期になるとよく土日両方、休日出勤していました。

ちなみに余談ですが、私の同僚には提出期限を守るために有給休暇を使って家で通知表を作成する教員がいたほどです。有給休暇の取得は理由を問われず行使できる権利ということで管理職は頭を抱えていましたが、本当に頭を抱えたいのはそんな理由で担任が休んでいるとは知る由もないクラスの子どもと保護者でしょう。

そもそもは、明らかに勤務時間内に終わらない業務量だからこのようなことが起きるともいえるのですが……。

■時間のかかる仕事⑤：休日のＰＴＡ・地域のイベント

休日のＰＴＡ・地域のイベント、これは厳密にいうと仕事ではありません。あくまでも、教員の「自発的な参加（プライベート）」とみなされるものです。

ＰＴＡや地域のイベントへの出席。「仕事ではないのなら行かなきゃいいのに……」、一般の方にはそう思われるかもしれませんが、学校によっては担当を割り振ったり（仕事じゃないのに）、管理職からの無言の圧力や有言のお願いをされたり、出ないと角が立ったりします。私も特に新人時代は断ることができませんでした。

「地域とのつながり」とか言って平日の夜とか土日の行事とかに平気で狩り出される。これは法律違反だが管理職は無言の圧力をかけて出させる。【40代女性教員】
（出典：仕事のプロが本音を明かす　hone.biz
https://honne.biz/job/q1010/hone.biz）

休みの日にわざわざ出勤しなければいけないのですから、これは時間が取られます。

また、長時間労働になってしまう要因は、時間のかかる仕事だけではありません。

不平等で膨大な仕事量、労務管理をしない管理職など根が深い問題もあります。

●不平等な仕事量

不平等な仕事量も勤務時間を長くさせる要因の一つです。

教員の給料は基本的に年功序列です。するとどうなるかというと、共産主義社会と同じようにいくら働いても同じ給料なのですから、サボる人間が出てきます。責任感のない教員です。

で、熱意のある教員が、「それでは子どもたちがかわいそう！」ということでその人の分まで仕方なく仕事をするのです。

そんなことが続いていくと、何が起きるのでしょう？

その熱意のある先生、周りから評価が上がっていきます。管理職からの評価も上がり、さらにたくさんの仕事をふられます。その先生、真面目であれば真面目なほど、しっかりとその仕事、こなそうとします。するとまた評価が上がります。この循環です。

つまり、学校という職場は熱意のある人、責任感の強い人、仕事ができる人、真面目な人、こういう人たちのところに給料は変わらないのにたくさん仕事が回ってくるという構造になっているのです。

現場の先生の本音として、このような声もあります。

「能ある鷹は身を滅ぼす」というのが現状で、できる人のところに仕事が集まり、できない人はそのままでいいというモチベーションが下がる職場環境がある。［40代男性教員］

（出典：仕事のプロが本音を明かす　hone.biz
https://honne.biz/job/q1010）

不平等な仕事量が真面目な先生の勤務時間を長くしている、それが職員室の実情です。

●労務管理をしない管理職

では管理職は労務管理、何をしているのでしょうか。

結論を先に言うと、何もしていません。

驚くべきことに学校現場には労務管理というものが存在しません。

例えば、勤怠管理にタイムカードはなく、押印（出勤時のみ）と札で記録・確認している学校がほとんどです。また、休憩時間に会議を入れ込むことは日常茶飯事です。休憩時間がいつなのか把握していない教員も少なくありません。

なぜなのでしょう?

公立学校の教員は、**残業代が出ない**からです。


教育職員については、正規の勤務時間の割振りを適正に行い、原則として時間外勤務を命じないものとすること。（出典：文部科学省『教員の職務について』）

教員は、原則「時間外勤務は存在しない」という建前になっているのです。もちろん、現実にはそんなことは絶対にありえないので、形式的には、教員が〝自発的に〟仕事をするために残っている、ということになっています。

残業代が出ないという特殊な事情もあるため、学校管理職は労務管理をする必要性に迫られていません。確かに、「校長などは、部下である教職員の勤務時間外における業務の内容やその時間数を適正に把握するなど、適切に管理する責務を有している」と文部科学省のページにも書かれているのですが、現場レベルでは教育委員会からのチェックも罰則もないのでほとんどの管理職が気にもかけていない、というのが実状です。

ですから、彼らのほとんどは自校の職員の勤務時間や在校時間を把握していません。つまり、いくらでも使いたい放題、管理する必要もない、これが教員の置かれている労働環境なのです。

この状況に対して、次のような「教員にも残業規制を」と求める動きも出ていますが、2018年現在大きな変化はありません。


教員の長時間労働が問題になるなか、研究者や過労死遺族らでつくる「教職員の働き方改革推進プロジェクト」が22日、教員の残業の上限規制などを求める、50万人余りの署名を文部科学省に提出した。

署名は昨年5月から、ネット上などで呼びかけ、50万1400人分が集まった。この日の要請書では、残業代を出さない代わりに基本給の4％を上乗せする教員給与の仕組みが長時間労働につながっているとして、関係する法律の見直しも求めた。
（出典：朝日新聞「教員の残業規制、50万人署名　過労死遺族ら、文部科学省に」2018年1月22日）

他の公務員のように形式だけでなく本当に残業ゼロを実現していくのか、あるいはこのプロジェクトにように残業代を出すことによって残業を抑止していくのか、そこは意見の分かれるところではありますが、いずれにしても今のままの長時間労働で良いわけがないことは確かです。

話を元に戻すと管理職が労務管理しない、これも長時間労働の大きな要因の一つです。

●雑務を取り除けばホワイトな職場に？

このように長時間労働を強いられている公立学校の教員ですが、授業関連、児童・生徒指導、会議・研修以外の雑務や事務仕事が取り除かれれば、適正範囲内に仕事は収まる、という見解もあります。

教員勤務実態調査（文部科学省・平成28年度）では、実に小学校で4時間33分、中学校では

5時間40分もの時間が、子供に教育を施すこととは異なる時間に使われている。

（中略）

授業関連、生徒指導、会議・研修の3つのみを教員が行うとすれば、小学校で8時間27分、中学校で8時間24分の勤務となる。つまり、学校運営と事務作業の大きな部分を教員ではない者が行えば、劣悪な職場環境は改善されるということである。

（出典：遠藤司（皇學館大学准教授）「小中学校の教員には子供の教育に専念させよ　教員勤務実態調査まとめ」2017年4月30日 https：//news.yahoo.co.jp/byline/endotsukasa/20170430-00070469/）


つまり、教員を「子どもに向き合う」仕事に限定すれば、長時間勤務が是正されるというわけです。これには管理職の労務管理だけでなく、文部科学省・教育委員会の取り組みも必要です。

●雑務——どこまでが教員の仕事？

では、雑務とは具体的にどのような仕事を指すのでしょうか。前に挙げた校務分掌のなかでも、

例えば、

・教材費・給食費の集金や会計事務
・学校ホームページの更新
・体育や理科などの学習道具・備品の管理
・給食費、教材費未納の保護者への催促
・喧嘩、万引きなどの放課後校外での問題行動を起こした子どもへの対応

などが雑務にあたります。

これらの仕事は教員でなくてもできる仕事であり、諸外国では教員が担当しない仕事です。日本の学校の先生には「どこからどこまでが仕事」という線引きが非常に曖昧です。残業代が出ないので学校にかかわるすべてのことをやらされているのです。

例えば、諸外国では校外で起きたことは保護者の責任ですが、日本では喧嘩、万引きなどが放課後に校外で起きていることにもかかわらず、学校に連絡が来て、対応が求められます。私の同僚には子ども同士のＬＩＮＥでのトラブルを対応している人もいました。

これらの雑務を教員から解放することこそ、本来、文部科学省や教育委員会、学校管理職の方々が行うべき仕事ではないでしょうか。

2　初任者のためにならない？——初任者研修の実際

学校の世界の研修には、初任者研修、2年次、3年次、5年次、10年次研修などがあります。自治体によって、対象や内容は異なりますが、どの自治体でも必ず行われるのが初任者研修です。

この初任者研修、新人教員にとって勉強になることもあるのですが、問題点もあります。

■問題点①：現場を離れることは子どものためにも担任のためにもならない

何といっても初任者研修の最大のデメリットは、現場を離れざるを得ないことです。

研修は勤務時間の関係上、放課後ではなく、子どもがいる午後の5・6時間目の時間に実施されます。多いときは月に2～3日、現場を離れることになります。代わりにクラスに入って子どもたちの自習を見てくれる教員は入りますが、特に低学年の子どもは担任の先生がいなくなると不安になる子どももいます。また、担任不在の間に子どもたち同士のトラブルが起きることも珍しくありません。

学年の教員がフォローしてくれることもあります（だから初任者研修時は学年の教員の負担も増

えます）が、彼らも自身の学級がありますので、あまり期待はできません。

私も初任者のときに、不在時にトラブルがあり、翌日対応するのですが、自分が不在だったため詳しい経緯が把握できず、対応が難しくなることもありました。

このように初任者研修は、教員の負担も増えますし、何より子どもたちにとって担任が頻繁に教室を空けることになることが問題です。

■問題点②：初任者一人ひとりの課題は異なるので時間の無駄

初任者研修は、「一斉授業」の形式をとる自治体が多いと思います。壇上から、指導主事や特別支援の専門家などの講師の先生が講義する形式です。

しかし、同じ初任者といっても小学校・中学校・特別支援学校と校種も違えば、もつ学年・教科、子どもや保護者の実態、初任者の経験値もそれぞれ異なるわけです。

そうなると結局、研修の内容は最大公約数をねらったものになるので、形式的なものにならざるを得ず、その多くの研修が現場で役立つ研修になっているかは甚だ疑問です（その証拠に研修中寝てしまう初任者が多く、寝たら所属校の校長に連絡するなんて〝脅し〟から研修がスタート場合もありました）。

つまり、同じ初任者でも一人ひとりが抱える課題は異なるわけで、講義による「一斉授業」が必ずしもためになるとは限りません。

私は初任者研修で、「そんなこと知ってるよ、時間の無駄だよ」ということが何度もありました。もちろんタメになる講義もありましたが、しかし現場を離れるデメリットを超える知識を得られたかというと微妙なところです。新人といえど教育者なのですから、自分の勉強くらい自分ですべきではないでしょうか。

■問題点③：当日までの課題、報告書などの「余計な」仕事が増える

研修そのものへの初任者の負担も見過ごせません。

研修によっては当日参加するだけではなく、当日までに指導案などの課題を提出しなければならなかったり、研修終了後に報告書を書かせたりする場合もあります。

ただでさえ仕事に不慣れで日々の仕事で手一杯な初任者にそこまで負担をかける必要があるのでしょうか。その負担、私は2年目に初任者研修がないと何と仕事が楽なのかと感動したことを覚えているほどです。

直接的な原因は初任者研修ではないと思いますが、この10年で少なくとも20人の初任者が自殺している、というショッキングなニュースもあります。

精神疾患などにかかる公立学校の新人教員が急増し続ける中、この10年間で、少なくとも20人の新人教員が自殺していたことがＮＨＫの取材でわかりました。教員は新人でも担任を持ったり、保護者に対応したりする必要があり、専門家は「新人教員は即戦力として扱われ、過度なプレッシャーを受ける。国は自殺の現状を把握して、改善を図るべきだ」と指摘しています。

学校の教員は採用されたばかりの新人でもクラス担任や部活動の顧問を任されたり、保護者に対応したりと、ベテランと同じ役割が求められています。

文部科学省によりますと、昨年度、精神疾患などの病気を理由に退職した新人教員は92人で、平成15年度の10人と比べて、急激に増えています。

さらにＮＨＫで、昨年度までの10年間に死亡した新人教員、合わせて46人の死因について、取材した結果、少なくとも20人が自殺だったことがわかりました。

（出典：ＮＨＫ「過去10年で新人教員の自殺者が少なくとも20人」２０１6年12月23日）

ただでさえ負担の大きい初任者。初任者研修によって、これ以上新人教員を追い込むべきではありません。

初任者研修は、

・研修の内容と量の大幅な削減

・長期休業中にまとめて行う
・その分校務分掌（校内の仕事）の負担を減らす
　などの配慮が必要なのではないでしょうか。

研修は、初任者研修、２年次研修などの校外で行われる研修だけではありません。適宜校内で行われる研修もあります。校内で行われる研修には、特別支援に関する研修やいじめ対応についてなどの研修があります。

余談になりますが、その校内研修（いじめ研修）で教育委員会が作成したＤＶＤを見る機会があり、そのなかで「先生方、忙しいのは分かりますが、子どもたちの話をよく聞いてあげてください」とあったのにはあまりに呆れて閉口したことを覚えています。私は、「忙しさを解消していくようにするので、子どもたちの話をよく聞いてあげてください」ではないのかと驚いたのです。

結局のところ、教育委員会は「研修を行った」事実が大切で、「子どもの話をよく聞いてください」と言ったという事実が必要なのだろう、とそのときの私は感じました。そうすれば対外的に、「（いじめ）研修行いました！」と言うことができるからです。

このように、初任者研修も校内の研修も、学校の世界の研修はどうもやること自体が目的になっている研修が多い、というのが私の印象です。

3　研究ごっこ？——人間関係重視の校内研究

前述のとおり、小学校の職員室が長時間労働になる一つの原因が、校内研究と呼ばれるものです。

校内研究とは、各学校ごとに教科やテーマを決めて1年間かけてより良い授業の進め方について会議をしたり、授業をしたりして教員の授業力向上を図るものです。

具体的には、研究主題と仮説を設定する→アンケートなどにより児童の実態調査→主題に関する学習と議論を行う→研究授業の事前準備→研究授業の実施→事後研究会→年度末のまとめ（研究紀要の作成）、ということが行われます。

学校によっては先進校として他校に向けて「研究発表」を行う学校もあります。

しかしこの校内研究、教員に多くの負担を強いるわりに効果がないのではないかという批判もあります。

■批判①：そもそも「研究」じゃない

校内研究、研究という言葉が入っていますが、本当の研究者に失礼なほど研究というにはほど遠い代物です。前述のとおり、仮説を立ててそれを検証する、ということを柱に行うのですが、そもそもの仮説に意味がなく、曖昧になることがほとんどだからです。
苦言を呈されている現場経験者のブログを引用します。

多くの場合、仮説を立てて検証していくと銘打たれるのだが、そのおおよそは「子どもたちが自発的に活動するような授業の仕掛けをすれば、主体的に動く子どもへと成長するだろう」といった、トートロジー（同義反復）である。「富士山は山だろう」「朝にご飯を用意すれば、朝食になるだろう」といった域を出るものではなく、間違いではないけれど、意味のない文章にとどまる。

このため、研究授業をやっても何が検証されたがわからず、事後の協議も焦点のないおしゃべりに終始する。司会を務める研究主任の最後はたいてい「まとめることはできないんですけど、いろんな意見が出てよかったです」。最後は何となく盛り上がって「お疲れさま〜」、これがまず常と言っても過言ではないだろう。

（出典：学校・教職員の現在と近未来—榊原禎宏のブログ
「なぜ、おもしろくない研究をやっているの」２０１２年８月７日
http：//walk41.exblog.jp/17655218/）

私が経験した校内研究はどの学校も本当にこのとおりです。ふんわりした仮説をたて、ふんわりしたアンケートを行い、ふんわりした議論を行い、条件制御を行えない実験（授業）を行う、これが学校の世界の研究です。

もはやこれは「研究ごっこ」でしかなく、敢えていうなら「研修」といった方が適切なのではないかと私は考えています。

■批判②：研究授業は人間関係優先

研究授業後の事後研究会は、授業者を中心に行われますが、基本ダメ出しや批判はありません。意味のない誉め合いに終始することが多いです。

具体的には、「黒板の書き方がきれいで分かりやすくて勉強になりました」とか、「○○先生の普段の学級経営がしっかりできているということがよく分かりました」とか、歯の浮いたようなやり取りが続きます。

なぜかというと、教員同士翌日以降も顔合わせるので、ビシバシ厳しい批判の出し合いをしていたら人間関係にヒビが入ります。また、本当の意味での研究ではないので、研究の失敗というのがない、ということもあります。

失敗がないので、教員同士ただ褒め合って、何か進歩があるとも思えないのですが、このような慣例で毎年研究授業が行われていきます。

■批判③：講師の先生の言うことが絶対

研究授業には、有識者として外部から元校長などの講師が呼ばれます。その講師、校長が依頼して呼んでいることがほとんどです。そのため、講師に対し反対意見を述べることはそのまま校長のメンツを潰すことにつながるため、講師の発言や主張に反対意見を述べることはできません。

結果、校内研究という場では、授業には多様な見方やさまざまな側面があるにもかかわらず、講師が「王様」になります。

王様の言うことは絶対になり、教員たちはいつの間にか指導力の向上という本来の趣旨を忘れ、王様が求める正解を探す旅になることも少なくありません（皮肉なことに教員が喜ぶ回答を必死に探す子どもたちとまったく同じ状態です）。

■批判④：負担が大きい

先ほども書いたとおりです。学習指導について勉強になることもあるのですが、長時間労働の一因になるほど教員の負担が大きいのです。たくさんの会議や話し合いを経ないと成立しない仕事が多く、それが負担の重さにつながっています。

初任者研修とも重なりますが、教員一人ひとりの課題も異なれば、担当学年も、子どもたちの実態（課題）も異なるわけで、校内研究が負担に見合うものであるのか甚だ疑問です。

これについても、教員が暇だった時代の名残で継続しているのだと考えられます。それよりも、日常の授業の準備に充てた方がよっぽど子どもたちのためになる、という意見もあります。

■批判⑤：研究発表は形式だけ

前述のとおり、研究指定校になると、研究発表会を実施しなくてはなりません。校外の教員や教育委員会に研究の成果を発表するのです。

この研究発表会、私は見に行ったこともあれば研究指定校として発表する側に立ったこともありますが、極めて形式的です。

〝とにかく批判されないことを目指して行われた〟内容で、まったく実践的でも挑戦的でもないことが多いです。なぜなら、この研究発表会、学校長、教育委員会お墨付きで行われるので、問題があっては困るのです。彼らは「研究やっています！」とアピールできればそれで良く、形式だけ整えば良いものなのです。

その証拠に、研究発表会のために作成された研究紀要（研究の成果をまとめた冊子）が書店に並んでいるのを見たことがありません。本当に勉強になる内容、研究発表であるならば、全国の教員が買い求めるはずですが、実際書店に積まれているのは著名な先生の実践本や即実践につながるハウツー本です。

形式だけの研究発表、手間と時間がかかるだけではないか、そんな批判もあります。

個人的にはすべての校内研究が無駄だとは思いません。実際私もそこで勉強し、実践につなげたことも何度もありました。しかし、かける時間と労力のコストが大きすぎるので、それらを天秤に乗せたときにそれでも行うべきなのかというとクエッションマークがつく、というところです。

4　私が出会った職員室の同僚たち

学校という職場、職員室にはどのような教員がいるのでしょうか。私が実際に出会った教員の一例を挙げます。

■同僚①：責任感のない教員

仕事の責任感のない同僚が少なからずいます。なぜでしょうか。前述のとおり、しっかり仕事をしようが、テキトーにやろうが、給料は同じだからです。結局、責任感のある真面目な教員が「子どもたちがかわいそう」と思って、その穴埋めを行うのです。

■同僚②：仕事が遅い教員

仕事が遅い教員。言うまでもなく、子どもの指導を行うにあたっては早い時期から先のことを決めて計画を立てた方が、教員にとっても子どもにとっても見通しをもてて良いのですが、仕事が遅い同僚（それが学年主任だったりすると特に）がいると、いつも決定が指導間際になり、見通しをもてず子どもを不安にさせます。そういう教員、十中八九職員室の机上がぐちゃぐちゃという特徴があります。

■同僚③：子どもの指導が下手な教員

何をもって上手・下手というのかは主観が入るので難しいところですが、毎年毎年学級崩壊を起こす、いわゆる「壊し屋」の教員がこれにあたるでしょう。

このような教員がいると、責任感の強い教員が「子どもたちがかわいそう」と思って、フォローせざるを得なくなります。

■同僚④：無駄な仕事増やす教員

無駄な仕事を増やす代表といえば、教育委員会や管理職ですが、それだけではありません。同僚にもいます。

例えば、管理職から評価されたい教務主任。

管理職の後ろ盾を得て、必要もない書類や適当にこなしておいて構わない文書をわざわざ事細かく小姑のようにつくらせようとします。

例えば、保護者の評価を過剰に意識する教員。

保護者会前に掲示物がないからと無理やり子どもたちに作品をつくらせようとしたり、運動会のダンス・演舞で難しい隊形移動させようとしたり……。

自分の評価を上げるために他人を利用する教員が職員室にはいます。

■同僚⑤：管理職に媚びる教員

言うなれば、学校は校長の独裁国家です。ですから、必要以上に媚びる同僚がいます。しかも、ひどいのになると平気で子どもを利用して行います。

媚びてくる教員を希望のクラスの担任にするなどの贔屓にする管理職も少なくありません。

■同僚⑥：他のクラス・学年に平気で迷惑をかける教員

授業中の教室移動の際におしゃべり容認で他のクラスの授業を妨害したり、自分のクラスの子どもが問題を起こしてもしっかりと対応しない担任がいます。自分への迷惑はまだ許容できますが、子どもがかかわってくると自分のクラスの子どもがかわいそうだし、保護者からのクレームにつながる可能性もあるので、許容できないときもありました。

■同僚⑦：見て見ぬフリをする教員

自分のクラスや学年の子ども以外の問題行動を見ても見て見ぬフリをする同僚がいます。彼らは例えば、高学年の子どもが廊下を全力で走って鬼ごっこをしていようと、いじめに近い暴力的なやりとりをしていようと、知らないフリをします。

下手に指導しようものなら、保護者や管理職、担任などから問題にされ、非難されるからです。これは、このように見て見ぬフリをしないと損をする可能性があるような構造的な問題でもありますが、教育者として一人の人間として、どうかとも思います。

■同僚⑧：低学年おばさん

〝低学年おばさん〟、少々言葉は悪いですが、教員の世界でいわれているスラングのようなものです。これは、ベテランになり低学年しか担任できない女性教員のことを指します。もちろん、ベテランの女性教員全員ではありません。

彼女らは指導が下手でヒステリックで子どもに問題行動が起きたとき、ただ力づくで叱ることしかできず、上の学年をもつと学級を崩壊させてしまうため、上の学年をもてないのです。

そうなると逆に毎年上の学年ばかりもたされる人もいます。人間、適材適所はありますが、職員室に不公平感が生まれるのも事実です。

■同僚⑨：有能・無能な事務職員

事務職員の力量は重要です。事務の方が優秀であれば、整理整頓や予算管理が行き届くので、校内がきれいになり、新しい教材・教具を購入することができます。子どもへの指導が捗《はかど》ります。

しかし、事務が無能である場合、その逆になります。校内は汚くなり、新しいものは買えず、業務がスムーズにいかなくなります。当然、子どもへの指導もやりづらくなります。

■同僚⑩：休職・退職を余儀なくされる教員

長時間労働で精神的にもキツい仕事である教職。現在、約5000人の教員が精神疾患での休職に追い込まれています。

2015年度にうつ病などの精神疾患で休職した公立学校の教員が5009人に上ること

が、文部科学省の調査で分かった。全教員の0・54%で、14年度に比べ36人減ったものの、07年度以降5000人前後で高止まりが続いている。
（出典：毎日新聞「休職教員6割　15年度公立校、また5000人超え」2016年12月23日）

この数字は15年前の2000年（2262人）と比較すると倍増にあたります。

私の勤務校でも学級崩壊などで休職に入る人を何人も見ました。休職する同僚が出ると、周りにそのしわ寄せが出るのでさらに職場環境が悪化、さらなる休職者が出る、ということも経験しました。

●非正規教員

職員室には2種類の職員がいます。一つは正規職員。

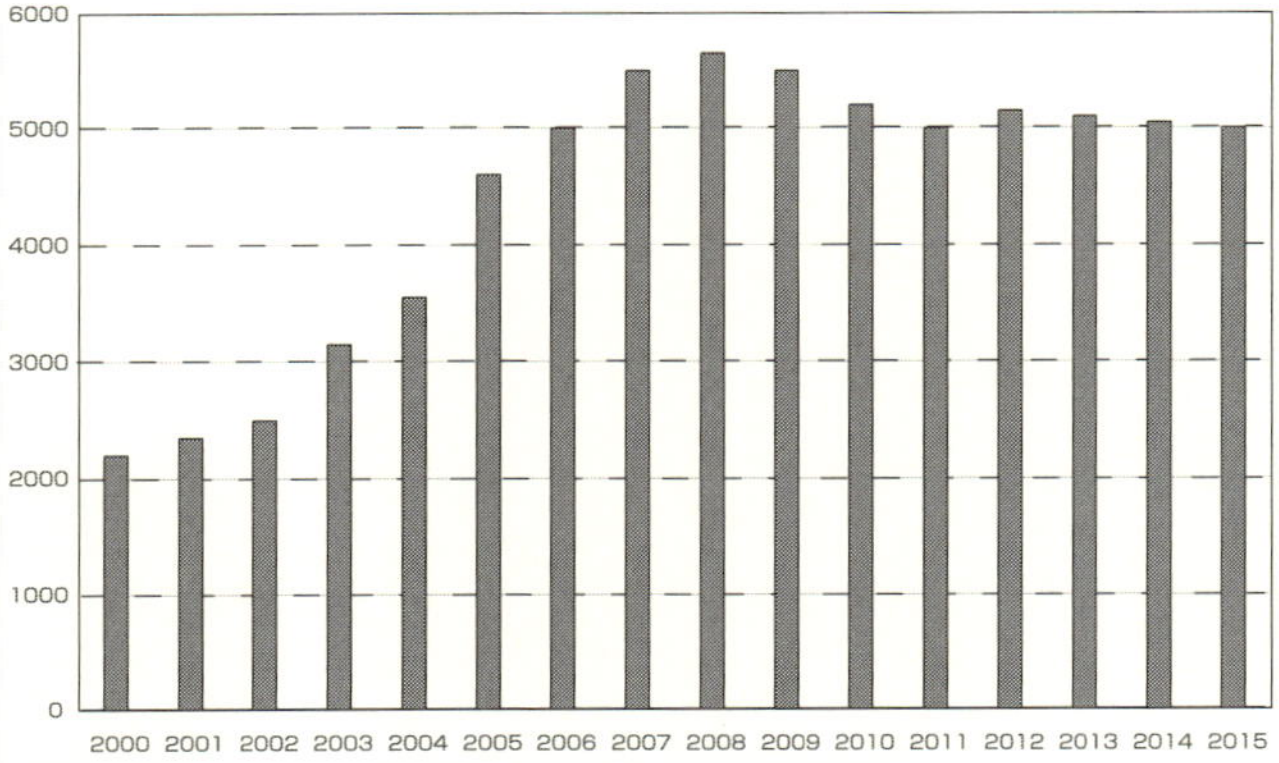

精神疾患で休職した公立学校の教員数（出典：毎日新聞 2016年 12月 23日）

もう一つは、非正規の職員です。産休・育休・病休の代替教員である常勤の非正規職員は正規職員と同様、担任をもつなどまったく同じ仕事内容にもかかわらず、給与・待遇は正規職員とはまったく異なります。給与は上がらず、正規の教員が戻れば契約も終了です。

またそれだけに留まらず、ひどいケースでは正規教員がもちたがらない手のかかるクラスをもたされることも少なくありません。

さらにひどいのが、**「空白の一日」**です。非正規教員は、給与を上げにくくするために任用期間が「六ケ月以内、更新一回（六ケ月以内）」（地方公務員法第二二条）となっているため、３月31日の１日間は雇用されていない無職の状態になっているのです。

私も同じ職場で次のような非正規教員を見て気の毒だと思いましたが、何もしてあげられませんでした。

・誰も持ちたがらない大変なクラスを持たされたあげくに休職に追い込まれ、そのまま契約終了になった人

・教職の経験が一切なく、非正規教員には研修の機会も与えられないため学級崩壊を招いてしまい、６か月で契約を更新されずに年度途中で担任を交代になった人

全国の公立小中学校にはこのようなひどい待遇の非正規教員が４万人いるとされていて、人手不足にもなっています。

公立小中学校に非正規で雇われ、処遇に差がありながら、担任や部活動の指導など正規の教員とほぼ同じ仕事をする臨時的教員が、全国で４万人以上いることが、文部科学省のまとめでわかった。
（出典：読売新聞「非正規小中教員４万人、担任や部活も…処遇に差」２０１７年６月27日）

全国の公立の小中学校の教員の数が、今年４月の時点で定数より少なくとも７００人以上不足し、一部の学校では計画どおりの授業ができなくなっていることがＮＨＫの取材でわかりました。これまで欠員を埋めてきた臨時採用の教員の不足が要因と見られ、専門家は「国や自治体は早急に実態を把握し、対策を検討すべきだ」と指摘しています。
（出典：ＮＨＫ「公立小中学校の教員数　全国で７００人以上不足」２０１７年７月４日）

この人手不足は、これまで非正規教員の方々を冷遇し続けてきた必然の結果ともいえます。

5　私が出会った校長・副校長（教頭）たち

学校管理職は、学校長、教頭（副校長）があたります。

どんな人が多いのでしょうか？

私の経験では以下のような人が多くいました。

■管理職①：無能

もちろん全員ではありませんが、まず無能な人が多い！

これには理由があります。なぜなら、管理職になる人は、学級経営や授業が下手で行き詰って、給料も高いし、勧められたから、という理由でなった人が多いからです。

学級経営や授業が上手な人は、ずっと現場にいたいので、なかなか管理職にはなりたがりません。

そういうわけで無能な管理職が多いのですが、管理職が無能だと担任の仕事が余計に増えるなど現場の教員は大変です。

■管理職②：教育委員会にペコペコ

教育委員会はさまざまな調査や施策をうってきます。

しかし、現場は一校一校地域事情も子どもの実態も施設面も異なります。なので、「ウチの学校には無理（あるいは合わない）」という施策もあるわけです。

本来であれば、学校現場を代表して管理職が反対意見を表明すべきものを、あろうことか教育委員会の犬になり、むしろ積極的に実施しようとし、現場の教員や子どもたちを苦しめる管理職が多いのです。

象徴的なのは、職員会議で教育委員会からの伝達事項しか話さない校長です。彼らは、自身の学校経営理念を実現させることなどは一切考えておらず、ただ教育委員会からの指示に忠実に応えることしか考えていません。当然、全員ではありませんが、そのような管理職が多いように私は感じました。

■管理職③：保護者にペコペコ

昨今、保護者＝お客様、お客様＝神様という風潮が幅を利かしているので、学校は保護者に対して圧倒的に立場が弱くなっています。また、管理職は教育委員会から評価を受ける立場ですから、保護者に教育委員会へクレームを入れられたくないわけです。なので、自分のところ（学校）で事を収めるために、保護者の無理な要求はのむ、担任を切り捨て保護者の側に立つなどの保身に走る管理職が多くなってしまっているわけです。

本来、保護者をたしなめたり、間違ったことを言ったりしているのであれば、喝を入れるのが仕事だろうと担任の立場からは思うのですが、彼らは無事に逃げ切り、退職することしか考えていないようです。

■管理職④：過度に学年で揃えさせる

クラスによって子どもの実態も違えば担任によって力量やキャラクターも異なるのに、クレーム対策のために過度に学年で指導する内容・方法まで統一させようとする管理職がいます。親からクレームが入ったときに「学年で決めてやっていますから」と跳ね返すためです。

■管理職⑤：無駄な（形式だけの）仕事をつくる

それだけならまだしも、ひどい管理職になると、ただでさえ忙しい現場に子どもたちのためにならない無駄な形式だけの仕事をふってきます。

具体的には、必要のない学習指導案の作成や、地域の活動への参加（ボランティア）など、自分の評価にかかわることです。教育委員会や地域からの自分の評価アップのために、現場の教員を利用するのです。子どもたちの成長のための仕事を増やすのではなく、なかには自身のための形式だけの仕事を増やす管理職もいます。

■管理職⑥：労働基準法無視
「余計な仕事は与えるが、時間は与えない」

これが教育現場の管理職のやり方です。しかも残業代は一切つきません。休憩時間は無視し会議や研修を組み込むし、出勤時間前に子どもの登校時間を設定します。彼らの多くは自らはルールを守っていないのに、子どもや教員にルール（服務）を守れと言うのです。

■管理職⑦：的外れな指導

前述のとおり、管理職の多くは学級経営や授業が下手な人も少なくありませんから、子どもの指導や教員の指導はどうしても的外れなものになります。

しかし、立場上やらなくてはならないのでしょう。本人たちも苦しいのかもしれませんが、子どもたちの実態をきちんと把握していない、学習指導のイロハも分かっていない、そういう管理職が少なくありません。

こちらはプライベートも犠牲にして身を粉にして指導しているのに、管理職に的外れなことをいわれると本当にモチベーションが下がります。部下のモチベーションを上げるのが、あなた方の仕事だろうに、という感じです。

■管理職⑧：子どもにご機嫌取りか高圧的か

無能な管理職は、基本的に子どもの指導が下手です。立場を超えてフェアにコミュニケーションするスキルも思考もないのです。

ですから、言うことを聞かない子どもに対する指導は、ご機嫌を取るか、あるいは真逆で、高圧的に接するかの両極端の２パターンしかできません。

子どもの指導も任せられないのです。

■管理職⑨：職員の管理ができない

良くも悪くも何かというとパワハラ、人権、と騒がれる世の中です。

職員室で横暴を働いている教員（小学校のほとんどの場合おばさん）がいても、管理職はパワハラだと言われるのが怖くて指導できません。

ですから、職員室では横暴教員が幅を利かせます。非常に働きづらい職場になります。もはや彼らは管理職ではないのかもしれません、管理できていないのですから。

■管理職⑩：パワハラ

そのくせ若手や気が小さい教員には指導と称してパワハラを行ったりするから、本当にタチが悪いです。

そして、学校現場は校長に多大な権限が与えられている独裁国家なので、例えば評価についても、これはもうほとんど自分の好みで、評価を下げたり、左遷（異動）させたりできる権限があるわけです（例えば民間企業なら部下が上司を評価するシステムの存在する会社もあると思いますが、教育現場には一切ありません）。

最悪な管理職はこのように、精神的な苦痛を与えたり、強制的に異動をさせたりして、パワハラを行います。

ちなみに、余談で管理職ではないですが、教育委員会の指導主事にパワハラを受けたことがあります。授業の仕方について指導を受けていた際に、机を叩かれ威圧されたのです。その後の様子をつぶやいたツイートです。

教員時代、指導主事にパワハラを受けたと感じたことがあり、教職員課のパワハラ相談窓口に相談したら、「学校と教育委員会は別組織だからパワハラにあたらない」と言われたことがある。「指導主事は上司ではないからパワハラでない」と。パワハラ相談窓口が一番パワハラと感じた。（https://twitter.com/makoto_touwa）

■管理職⑪：保身に走る

そして、これが一番多く、本当に腹立たしいことですが、いざというとき、責任を取らない管理職です。

「私ではなく教育委員会が決めたことだ」とか、「そんなことは言っていない」だとか、問題を見て見ぬふりをして「知らなかった」と平気で嘘をつくとか、挙げればキリがありません。長年公務員やっていると、自然にこうなるように人間プログラムされているのでしょうか。多くの管理職が自分の保身しか考えていなくてウンザリしました。

●教頭（副校長）のなり手がいない

このように、現場の教員からも嫌われたり、かなりの激務であったりする学校管理職。特に教頭（副校長）はなり手が減ってきていたり、降任する人が増えたりしています。

副校長にはなりたくない——。東京都の教育現場はそんな教員であふれている。小・中学校の教育管理職（副校長）選考の合格倍率は、ここ数年1.1倍前後が続く。しかも受験者数が合格予定者数に満たない年が多い。

自ら希望して降格する「希望降任制度」を使う副校長も後を絶たない。文部科学省の「公立学校教職員の人事行政状況調査」によると、東京都における「副校長等からの希望降任」は2015年度で25人（前年度比4人増）に上る。なお全国では121人（同15人減）だった。

（出典：東洋経済ONLINE「東京で「副校長」のなり手が足りない深刻事情」2017年9月13日 https://toyokeizai.net/articles/-/188432）


今、学校は何か問題が起きるとまず教頭（副校長）、です。業務量の多さ、拘束時間の長さ、責任の重さを考えても激務でしかありません。

具体的には彼らにどのような業務があるかというと、
・教育委員会への各種調査資料の報告などの事務的処理
・各種会議や研修の実施
・問題行動を起こす児童生徒の生活指導
・保護者クレームへの対応

・教職員の人事管理
・教職員への指導
・講師の募集・採用
・学級崩壊→担任休職のクラス担任に
・ＰＴＡ、地元自治会、警察などとの連携

などなどです。挙げ始めたらキリがありません。私が勤務したいくつかの学校でも、朝一番早く学校に来て、一番遅く帰る、土曜日も必ず学校にいる、これが教頭（副校長）先生でした。どう見ても、大変な仕事です。担任の立場から見て、あの仕事を敬遠しようと思うのはごく自然なことではないでしょうか。

6　正確な評価が下せる？——人事考課制度の実際

現在、一部自治体では、教員の資質向上や学校組織の活性化などを目的に民間企業をモデルに人事考課制度を導入しています。

人事考課制度とは、民間企業の人事評価制度をモデルにして行われている評価制度です。ここで学校の人事考課制度を説明するために、教育ジャーナリスト・おおたとしまさ氏が自身の著書で人事考課制度について2000年から開始された東京都を例にとても分かりやすい説明をされていたので引用します。

まず、年度の初め、一人ひとりの教員が、学校の課題、校長が示す学校経営方針を踏まえたうえで、自分の目標を設定します。そしてその目標の達成に取り組みます。校長・副校長は、授業の観察や教員自身による自己評価、面接などに基づき、教員に対して公正な業績評価を行い、次年度に向けての指導や助言をします。評価は5段階。昇給などに反映されます。評価に際しては校長・副校長だけでなく、主幹や学年主任の声も重要になります。

（出典：おおたとしまさ著『オバタリアン教師から息子を守れ』）

私が勤務した自治体でも実施していましたので、まさにこのようなことを行っていました。年度の始め、途中、最後と目標の設定や振り返りを行う書類を作成したり、面接を行ったりしました。書類の作成に手間がかかった、というのが個人的な感想です。

その他にも、この人事考課制度は次のような問題があります。

●正しく評価できるのかという問題

この制度、管理職が正しく教員を評価できるのかという問題があります。多くの識者が、授業や学級経営は多様な見方、さまざまな側面があり、容易に評価できないため、教員の教育活動や授業を評定するには無理がある、と主張されています。

つまり、結局校長の価値観に合う教育を行う教員が高評価を得て、そうでない教員は低評価になるのではないかという懸念です。

人事考課制度は、評価と給与、人事をリンクさせるものなので、本当の目的は教育委員会や管理職に従順な教員をつくるためで、主目的はスムーズに上意下達させることなのではないかという意見もあるほどです。

個人的には、評価が給与に反映されるといってもそこまで大きな差の額ではないので、金銭的な影響はないと思いますが、やはり人間、評価されないよりは評価されたいと思うのが自然なので心理的な影響はある（積極的に校長の意に沿おうとする）のではないか、という考えです。

これは見ようによっては、トップがリーダーシップを発揮して組織が一丸として働けているとも解釈できる場合もあるので一概に悪いわけではないと思いますが、教育委員会や校長の影響力が強まるということです。

●多くの教員は自らの評価を知らない!?

私が勤務した自治体ではなぜか**わざわざ開示請求をしないと自らの評価は分からない**という制度でした。そのため私も含めほとんどの同僚は自らの評価を知りませんでした。

そのため事実かどうかは知りませんが、教員間には、「たくさん開示の請求をされる校長は教育委員会からの評価が下がる」、という噂が蔓延していました。開示請求が多い＝管理職の評価に納得がいっていない教員が多い＝管理職が教員をガバナンスできていない、ということだったのだと思います。

その真偽はさておき、そもそも開示請求しないと管理職からの評価を知ることができない制度には違和感があります。

この制度、何というか、私には「会社ごっこ」をしているようにしか思えませんでした。

7 教員の常識は世の中の非常識？――学校独自の職員室文化

学校には民間企業とは異なる、学校独自の文化があります。〝教員の常識は、世の中の非常識〟というやつです。

■非常識①：教員が自ら進んで休憩時間や勤務時間外の労働に応じている

教員の世界は、休憩時間に平気で会議が組み込まれていたり、休日に無給で地域のイベントに参加したりということが常識です。

初任者の新人時代、「勤務時間なんてあって無いようなもの」と管理職や先輩から言われたこともあります。おかしいと感じた私は「休憩時間に会議などの仕事を入れるべきではない」と職員会議で問題提起をしたこともありますが、「でも他に時間はない」と対応され、変わりませんでした。

ある調査では、そもそも半数の教員は自身の休憩時間を把握していないというものもあります。

> 制度上の休憩時間がどれくらいあるのかさえ把握していない教員も多い。
> 連合総合生活開発研究所が昨年12月に発表した調査報告によると、制度上における「1日の休憩時間数」について、約半数が「知らない」と回答している。
> （出典：内田良【名古屋大学大学院・准教授】「休憩できない」教員の一日」2017年3月26日

https://news.yahoo.co.jp/byline/ryouchida/20170326-00069140/)

把握さえしていない教員が約半数、だから平気で休憩時間に仕事を入れることに抵抗がないのかもしれません。

また、時間外という意味では休憩時間だけでなく、勤務時間前も同様です。

運動会前の校庭のライン引きや挨拶運動など誰かに指示・命令されているわけでもないのに、〝当初に組んだ（前例主義の）計画がつつがなく進んでいくように〟自ら進んで仕事（ボランティア）をする人が多いのです。職員室のほとんどの人がそのような態度なので、時間外労働に応じないと逆に白い目で見られることもあるほどです。

私は、このように良かれと思って自ら進んで時間外労働に応じる教員が多いことが（逆に）業務量が減らない一因であり、学校文化の非常識の一つと考えています。

■非常識②：会議や研修で居眠りする教員が多い

時間外労働に応じる人が多いためか、無駄な研修や会議が多いためか、その両方だと私は思いますが、**会議や研修で眠る教員が多いのも、〝教員の世界あるある〟**です。

管理職も時間外労働させてしまっている負い目があるのか、教員に嫌われたくないのか、圧倒的多数の管理職が注意さえしません。

給料＝税金なのに良いの？　と何度も感じたことがあります。

勤務時間外に労働して、勤務時間に寝ている……。本末転倒も甚だしい、これも職員室文化の一つです。

■非常識③：ボトムアップがほとんどない

会社にもよるのでしょうが民間企業では、一番下の平社員でも業務改善を提案する機会があったり、上司を評価する制度があったりするなど、現場の声を上層部にボトムアップする姿勢や取り組みがあると聞きます。

しかし、教員の世界では、校内では学校評価や職員会議で一定のボトムアップはあるものの、それだけです。上司を評価するような取り組みはないし、現場から教育委員会への改善提案を行うようなフォームもありません。また、職員会議についてもあくまでも校長の意思決定の補助機関に過ぎないので、校長の一存で普通に無視されれることが多いです。

文部科学省や都道府県・市区町村の教育委員会はトップダウンでの指示・命令しかなく、一方的で、現場の声や実態を聞くつもりはありません。

民間企業とは異なり、間違った施策をうっても売り上げや給与が減るわけではないから、切実さがないため、現場の大切な声を大切にせず、それで済んでしまっているのかもしれません。

■非常識④：仕事の優先順位

仕事の優先順位に関する価値観も独特です。

クラスの保護者や子どもからすれば、担任にはクラスの仕事を第一に考えてほしいと思うのは当然だと思うのですが、実際は異なります。

実際は、

学校全体にかかわる仕事＞学年にかかわる仕事＞学級にかかわる仕事、

という常識が職員室にはあります。

新人時代の私は、学校全体の仕事は誰でもできるが、学級の仕事は担任しかできないのだから、この優先順位はおかしいのではないかと考えましたが、実際は「より迷惑を被る人数が多い仕事が優先して行われるべき」という価値観が職員室にはあります（ですから、授業や学級経営に力を入れる人よりも校務をこなす人の方が評価されるし、学級の仕事ばかりやる人は自分勝手な人、校務をこなす人は学校のために働く人、と評価されます）。

よって、ほとんどの担任は、学級事務や授業の準備などのクラスの仕事はいつも後回し（勤務時間外）に行うことになります。

授業の準備が一番最後、これでは子どもたちにとって良い教育ができるわけがありません。

■非常識⑤：休日を費やしても授業の準備が追いつかない

担任は、最後の仕事として授業の準備を行いますが、担任時代、私はあまりに他の仕事が多すぎて勤務時間中にはここまでたどり着かず、平日の夜遅くあるいは休日に授業の準備を行っていました。

小学校の担任は週20～25時間程度の時数を担当しています。また、同じ20～25時間であっても、中学・高校と異なり、同じ内容の授業は二度とありません。つまり、毎時間、準備が必要なわけです。

私は食事・トイレ・風呂以外の時間、休日もすべてを費やして仕事をしていましたが、充分な準備をして授業に臨めることはほとんどありませんでした。

授業の準備を充分にせず授業を行う……。塾や予備校ではあり得ないのではないでしょうか。

■非常識⑥：歓送迎会や忘年会

これは地域や学校にもよるのでしょうが、私が経験した職員室の歓送迎会や忘年会も少し独特でした。

・会費は給料から天引きの親睦会のシステムから支払われる
・なので正規の教員はほぼ全員出席
・会場は貸し切り
・一回1万円程度の会費
・忘年会は1000円程度のプレゼントを用意してクジでプレゼントする（貰う）
・退職したOB・OG教員を現役教員が慰労する会がある学校も

などの独特の文化がありました。

はっきり言って、このご時世、若手にとっては高すぎる！　と私は思いましたが、非正規教員もおらず、余裕があった時代の名残りなのでしょう。

ただし女性が多い職場ということもあり、飲み会でのパワハラやセクハラなどは比較的少ないのではないかと思います。

■非常識⑦：女性の人間関係によって物事が決まっていく

小学校の職員室の大きな特徴の一つは、女性教員が多い、ということです。

女性は男性よりも人間関係を重視する傾向があると思います（あくまでも傾向）。

そして、大抵どの学校でも声の大きいベテラン女性の先生がいて、その人たちを中心にした人間関係によって意見が形成されていくことが間々あります。管理職もその人に嫌われると面倒なので、声の大きな女性教員たちの意見が通ることが多いのが、小学校の職員室が独特なところです。ときには子どもたちにとってどうか、事の経緯から考えてどうか、ではなく、女性教員たちの人間関係で物事が決まっていくことがあります。

■非常識⑧：昔からそうだから

職員室には、前例主義がはびこっています。昔からそうだから、という雰囲気です。

基本的に学校は毎年同じ仕事をこなしていくので、その前例主義が効率的な場合もあり、すべてが悪いわけではないと思うのですが、同時に時代の変化についていけていないと感じることも少なくありません。

例えば、かけ算の順序にこだわることです。かけ算はかけられる数とかける数を入れ替えても答えは同じはずです。にもかかわらず、「昔からそうだから」とその順序に執拗にこだわる教員が後を絶ちません（保護者のＳＮＳによく×にされた答案が載っていますね）。

それから、いわゆる「置き勉」の禁止です。脱ゆとりで教科書が分厚くなり、ランドセルが重く子どもに負担になっていると話題になっていますが、多くの学校では相変わらず教科書・ノート類を置いていくことは禁止されています（※執筆中に文部科学省から「置き勉」可の通達がありましたが、この程度のこともお上に決めてもらわないと現場では変えていくことができないのです）。

その他にも、さまざまな家庭環境の子どもがいるにもかかわらず、生まれたときの様子を聞き出すような宿題を出したり、冬の体育の授業で防寒具を着用禁止にしたりと枚挙にいとまがありません。

昔からそうだから、という前例主義も独特な学校文化の一つです。

第3章の最後に

一般の方や保護者から見えにくい職員室。前述のとおり、確かに職員室にはこのようにたくさんの課題があります。時代に合わせて変えていかなくてはならないことも多くあります。

ですが一方で、ここまででは挙げられませんでしたが、決してネガティブな面や課題だけではありません。

例えば、その一つは、私が経験したどの学校でも、放課後、子どもが帰った後も残業代など一切出ないのに子どもたちに分かりやすい・面白い授業を行いたい一心、ただその一心で、自らのプレイベートまで犠牲にして夜遅くまで残って授業の計画を立てたり、ワークシートを作成したりする先生が少なからず存在したことです。自らの利害を一切度外視して子どものために働く教員がいるという事実はもっと世の中に知られて然るべきだと私は思いますし、ポジティブな要素です。

また、私の個人的な経験ではありますが、職員室で出会った教員のなかには今でも辞めた後でも連絡を取り合ったり、たまに会ったりする仲間がいます。一般企業の同僚にもあるのかもしれませんが、職員室で〝同志〟のような感覚の仲間と出会えたことは一人の人間として非常にポジティブな出来事でした。

ですから、繰り返しますが、職員室のすべてがネガティブなわけではありません。しかし課題や理不尽も多い、それが学校の職員室です。

第4章　アドバイス編

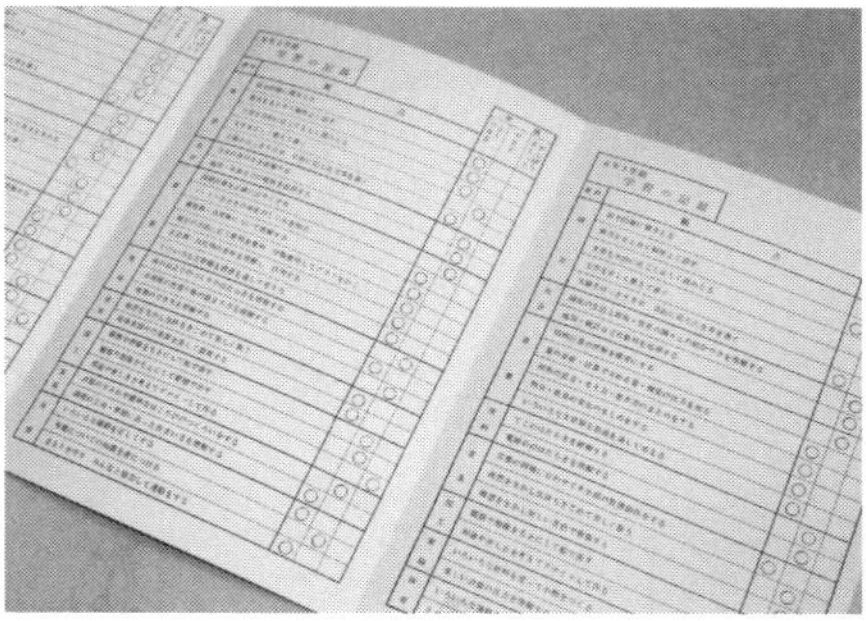

担任時代、さまざまな保護者に出会いました。

丁寧に礼節を持って接してくれる保護者、子育てが素晴らしい保護者、世間話が好きな保護者、敵対心剥き出しの保護者、なるべく学校とかかわらないようする保護者……。挙げればキリがありません。

いろいろな保護者の方と接してきた経験から、私は「保護者の方《かた》がもっと学校や担任の仕事のことについて知っていれば、もっと円滑にコミュニケーションが進んでいくのに」と思うことが多々あったため、退職後保護者の方へのアドバイスとしていくつかの記事をブログに書きました。

最後となる第4章では、そのうちの六つの記事をピックアップして掲載します。かなり主観的に書いているので、すべてが役に立つとは思いませんが、学校や担任とのかかわりをしていく際に活かしていただければと思います。

1　担任と信頼関係をつくる連絡帳の書き方

まずは、連絡帳の書き方についてです。

小学校の先生と保護者が連絡に使う連絡帳。

保護者によって、失礼なものもあれば、逆に丁寧で好印象を受けるものなどさまざまですが、連絡帳の書き方一つとってもその保護者の我が子への教育のかかわり方や常識などが担任には分かります。担任に程度の低い親と思われて損をすることはあっても得をすることはないと私は思います。

ただし、特別なことをする必要はありません。ごく当たり前のことを当たり前にすればよいだけです。

●挨拶文を一言入れる

挨拶文を一言入れるだけで、担任は常識のある親、丁寧な親なんだな、そう判断します。「おはようございます」や「いつもお世話になっています」、「よろしくお願いします」などの短文で構いません。

これらの挨拶文の有無で、担任にとってはその保護者に対する印象が大きく変わります。

A いつもお世話になっております。本日、熱が38度ほどあり、欠席いたします。よろしくお願いいたします。

B　本日、熱が38度ほどあり、欠席いたします。

担任時代私はAに比べると、Bのように書いてくる保護者は丁寧さに欠けると感じていました。共働きの家庭にとっては、朝は特に忙しいでしょうから、大変なのは理解できます。しかし、教員目線から言うと、Bの親は少し淡泊なんだなと判断します。

連絡帳は子どもの目に入ります（低学年の漢字の読めない子どもたちもしっかりと予想しながら読んでいます）。

ですから担任からの印象のためだけではなく、**我が子の教育のために**忙しくても一文添えることを私はオススメします（個人的には、そもそもいい加減、アプリでのやりとりに移行すべきで、そうすればこんなやりとりは不要だとは思っていますが……）。

●「〜を持たせました」は不要

低学年の心配性の保護者に、子どもに持ち物を持たせるたびに一々担任に連絡帳で「〜を持たせました」と書いてくる保護者がいます。

例えば、「持久走大会の参加の手紙を持たせました」、「絵の具を持たせました」といった具合に。おそらく保護者としては親切心で書いてくださると思うのですが、う〜んと、何というか、はっきり言って、迷惑です。

もちろん、特別支援を要する子どもだったり、特に重要なものについて子どもを通じてやりとりする場合だったり、特別な理由がある場合は除きます。

担任の方から「迷惑だからやめてください」と言うわけにもいきません。

なぜ迷惑なのでしょう?

単純に、忙しいから、です。そして、子どもの指導を行いたいからです。

毎日担任一人で20~40人の子どもを預かっているのです。子どもが登校したら授業だけでなく、休み時間も授業の準備などで連絡帳に返信を書く時間などありません。

また、給食を一気にかきこんでつくった時間は、小テストの採点や宿題の添削などに使います。子どもが下校するまでトイレに一度も行けないなんてザラにあります。

結局、どうなるかというと、授業中子どもに課題を与えている時間（本当は机間《きかん》巡視と言って、学習指導にあたりたい時間）などに、寸暇を惜しんで返信を書くことになるのです。

こういうことを書いてくる保護者は、〝そういう想像が働かない人なんだな〟と担任は判断します。

幼稚園・保育園時代の連絡帳と小学校は異なります。特別な事情がない限り、毎回毎回の「~を持たせました」は不要です。

●我が子の言い分だけで担任を責め立てる

これは連絡帳で最もやってはいけないことで、多くの保護者が怒りに任せてついやってしまうことでもあります。

いうまでもなく、子どもはトラブルがあったときに、まだ未熟なので自分にとって都合の良いことしか言いません。

親との関係性の中で、このままだと自分が叱られると思ったら、ウソをついて自分を守ろうとすることもあります。

そして、これらのことを理屈では理解していても、なかには我が子のことを信じたいという気持ちが必要以上に強く働いてしまう親がいます。

例えばそういう親は、子どもがいう「先生が○○と言った」という言葉を鵜呑みにして、事実ではないことをもとに、「それが教育者の言葉ですか」とか「撤回して謝ってください」と連絡帳で責め立ててくるのです（実体験です）。

担任を批判したり、謝罪を求めたりするのも良いのですが、まずは事実の確認をきちんとしてからでも遅くはないはずです。それが両者（子どもも含めて三者）のためになります。学校で起きたことなら、担任の方がたくさん情報をもっています。確認の前に責め立てると、事実が分かってから恥をかきます。

そして、担任を責めたくなるまでの気持ちになるのであれば、もうそれは連絡帳でやりとりを行うのは不向きです。**電話をオススメ**します。

教員は忙しいですが、子どもが下校した後なら電話に出ることができます。前述のとおり、担任は連絡帳で、親の程度を判断し、その後の対応を考える材料の一つにしています。連絡帳で担任に程度の低い親と思われては、あなたも、あなたのお子さんも損です。

2　宿題に対する適切な距離感

国によっては逆効果として法律で禁止されている宿題。

しかし、日本ではほとんどの学校で保護者の同意なく宿題が出されています。その賛否は保留しつつ、ここでは親として子どものためになる宿題への適切な距離感をアドバイスします。

●子どもの学年やレベルに応じてチェックしてあげる

毎日、「必ず一緒に宿題をやってあげてください！」なんていう気は毛頭ありません。共働きの家庭では厳しいと思いますので。

しかし、子どもの学年や実態に応じて、

A 一緒にやってあげる必要がある子ども

B 終わった宿題をチェックしてあげればよいだけの子ども

のどちらなのかを判断し、宿題をサポートしてあげることが必要です。もちろん、いつもは一人でできるからAだけれど今日の課題は苦手な学習だからB、ということもあり得ます。

いずれにしても、高学年の子どもでも、Bは最低でも週1日はやってあげてください。低学年の子どもなら毎日Aが必要かもしれません。

なぜかといえば、

・親が見ない子どもの多く、宿題サボります

・親が見ない子どもの多く、すごく雑にやります

・親が見ない子どもの多く、分からない問題をそのまま放置します

基本的には、学習障害などの特別に支援の必要な子どもや、欠席をしてしまったなどの子ども以

外の子どもが自力で行うことができる宿題を出すのが、担任の責務です（できていない担任も多くいますが）。

しかし、前述のとおり、人間（子ども）は、すぐ怠ける生き物ですから、必ずAかBをしてあげてください。

ちなみに、担任は親がAをやっているのか、Bをやっているのか、何もしていないのか、子どもの宿題を見れば簡単にすぐ分かります。

●かといってチェックしすぎるのもよくない

宿題を一緒にやってあげたり、終わった宿題を見てあげたりする、基本的にこれらのことは子どもにとって良いことです。低学年の子どもにとっては尚更です。

しかし、逆にチェックしすぎるのもNGです。

チェックしすぎる、具体的にいうと、例えば漢字の書きとりで何度も何度も書き直させる親です。もちろん、雑すぎるのは、書き直させた方がよいのは当然です。字が雑＝学習に向かう態度が悪、だからです。しかし担任から見ていて充分に丁寧に書けている字をほんの少し字体が崩れているからといって、何度も何度も書き直させるような過剰な完璧主義は、子どもにとっては意味が分からないですから勉強嫌いにつながります。あと、親のことも、です。子ども、早く遊びたいですから。

ＰＣやスマホなど電子機器が発達している今の時代、大人になってから手書きの機会は著しく減ってきていますから、このような保護者を見ると、担任は自分の思いとおりに子どもを動かしたいだけなのかなと思います（大抵、そういう親は指摘したらモンスターペアレントになるので、何も伝えませんが）。

宿題を見てあげること、これは大変素晴らしいことですが、過剰な完璧主義を子どもに押し付けるべきではありません。

3　子どもが休んだときに親がすべきこと

続いて、風邪などで子どもが欠席したときに保護者がすべきことについて、説明します。

●学校に〝直接〟連絡を入れる！

大多数の保護者はきちんと連絡帳に欠席する旨を書いたり、電話を入れたりして、学校に「直接」連絡を入れてきます。しかし、困ったことに一部、欠席連絡をしてこなかったり、子どもの友だちを通じて口頭で欠席する旨を連絡しようとしたりする親もいます。入学時や年度始めに欠席連絡の仕方については学校から説明受けているはずなのですが、共働きだったりすると朝忙しくて気が回らないのかもしれません。

しかし、連絡なしで子どもが来ない、ということになると、学校はリスク管理上大きな問題になります。何か事件・事故に巻き込まれて学校に登校できていない可能性を考えます。また、学校をサボりたい子どもが友だちに、「先生に今日休むってウチの親が言ってたって伝えといてー」みたいに子どもが悪用している可能性もあります。

学校側からすると、きちんと連絡を貰えずに子どもが登校していない状況はリスク管理上大きな問題なのです。仮にそれで、事故や事件に巻き込まれたら、保護者から欠席の確認をとらなかった学校が悪い、ということになりますから。

ですから、担任にとって、しっかりとした連絡のない欠席は困りますし、他の子どもたちを教室に残したまま、職員室へ電話しに行かなければならず、はっきりいって（他の子どもたちにとって）超迷惑です。

そのうえ、さらに困ったことにこういう保護者、連絡を入れると、「あ、欠席します」とか「○○ちゃんに休むって伝えましたけど！（怒）」みたいな反応をされることも少なくありません。謝るどころか、忙しいのに分かりきっていることを連絡するなという態度です。

担任目線でいうと、たかが欠席連絡で、何で〈担任―保護者〉の関係悪くするんだろう、とガッカリします。そして、この親については、今後は気をつけよう、と思うようなるわけです。

たかが欠席連絡で担任に悪印象もたれて良いことなど何もありませんので、〝直接〟連絡を入れるべきです。一番良いのは近所の友だちを通じて連絡帳を学校に届けることで、それがむずかしければ電話でもＯＫでしょう（でも可能なら、朝忙しいし、学校は電話回線も少ないので、一番良いのは連絡帳です）。

そして、連絡帳の書き方でも書いたとおり、挨拶文も書いてあれば、担任はこの親はまともに違いない、信頼関係を築けるな、と思うわけです。

●欠席翌日の連絡帳に感謝の言葉を書く！

翌日も欠席であれば連絡帳に欠席する旨を伝える際に合わせて、翌日出席する場合でも連絡帳に感謝の言葉を書くと良いと思います。

一人の子どもが欠席すると、（まともな）担任はその子のためだけに仕事をしてくれています。

・連絡帳への返信
・おやすみ連絡カードの作成（翌日の時間割、持ち物などクラスの友だちに書かせることもあります）
・手紙や宿題、授業で使用したプリントをまとめて連絡袋に入れる
・兄弟、近所の友だちに連絡帳を渡しに行く
・欠席した子どもが登校したら欠席中の学習のフォロー
・欠席中に行ったテストなどの実施

ざっとこんな感じです。クラス全体への指導とは別に、これだけあるのです。

税金払っているんだし、先生も給料貰っているんだから、やってもらって当然！　みたいな消費者意識全開の親が稀にいるのですが、彼らが分かっていないのは……、担任は「本来はクラス全体の指導のために使う時間を削って、欠席した子どもへのの対応を行う」ということです。

感謝（担任に対してだけでなく、クラスに対して）の言葉一つあるのが、常識ある親としての務めだと私は思います。

「おはようございます。昨日は、連絡カード、宿題のプリントの同封など、ありがとうございました」

こんな感じで、短文でＯＫです。

連絡帳ですから、我が子もしっかり見ています。子どもの教育のためにも、担任（クラス）への

礼儀のためにも、一筆あった方が良いと思います。

●欠席中の学習を家庭でもフォローする！

１日欠席しただけでも、その間、他の子どもたちは5～6時間授業を受けています。当然、それを取り戻すのはそれ相応の時間が必要です。

学校でも担任は休み時間や放課後を活用して、できる限り学習のフォローを行いますが、クラス全体の指導もありますから、担任だけでは限界があります。

ですので、保護者は**「欠席中の学習のフォローは、家庭で責任をもって行う！」**ぐらいの気概をもってやるべきです。

無理をする必要はありませんが、欠席中でも元気が出てきて勉強ができる状態になったときは、連絡帳返却の際に同封されてきた宿題などを一緒に取り組んだりすると良いと思います。

4　通知表（あゆみ）の正しい見方

次は、通知表の見方についてです。

通知表がどのように評価がつけられているのかを説明するので、通知表の見方について参考にしていただければと思います。

●通知表とは？　目的は？

通知表（あゆみ）とは、学期の終わりに子どもの成績や生活の記録を子ども本人と保護者に通知する書類です。

では、その目的は何でしょう。

子ども本人と保護者に成績や生活の記録を通知することです。

それだけではありません。昔と異なり今は、もう一つ大事な目的があります。

それは、**〝子どものやる気を高めること〟**です。

昔は、このような目的はありませんでした。もし我が子が悪い成績とってきたら、「なんだこの成績は！」と親がぶん殴って、子どもは反省し、勉強に精を出す、みたいな感じで必要とされていなかったからです。

今、そんなことやったら児童虐待で通報されるし、子どもはますますやる気をなくす時代です。

ですから、（良い悪いは別として）時代の変化によって、通知表の役割が変わりました。

ですから今は、成績も相対評価ではなく絶対評価でつけられます。つまり、Aが何人、Bが何人と決められているわけではなく、Aの目標を達成できていればクラスに何人いてもA、（Aの目標は達成できず）Bの目標を達成できていればB、という評価をつけられることになります。

●内容は？

自治体や学校によっても異なりますが、通知表には主に以下のような内容が記録されます。

・学習の記録
・生活の記録
・所見（コメント）
・出欠席の記録

学習の記録は、「数量や図形に関心をもち、意欲的に調べようとする」みたいな目標に対して、「よくできた（A）」、「できた（B）」、「もう少し（C）」の評価がつけられます。

生活の記録は、「元気のよいあいさつや正しい言葉づかいができる」のような目標に対し、同じように「よくできた（A）」、「できた（B）」、「もう少し（C）」の評価がつけられます。

所見は、担任の教員が数値だけで測りきれない、子どもの努力や活躍を100~200字程度の文章で記録したものです。総合所見、総合的な学習の時間（生活科）所見、外国語活動所見などがあります。

出欠席の記録は、出席数、欠席数の記録です。ちなみに、出席停止（感染症での欠席、忌引など）は欠席にはなりません。

●評価の方法は？

「学習の記録」、「生活の記録」この二つは、相対評価の時代もありましたが、前述のとおり、現在は子どものやる気を高めるという目的がありますので、今は絶対評価です。

つまり、クラスの他の子どもの出来は関係なく、子ども自身の学習到達具合で評価がなされます。学習到達具合は各学校や学年で決定していますが、例えば私が担任時代は、

・A評価「よくできた」→平均90点以上
・B評価「できた」→平均60点以上
・C評価「もう少し」→平均60点未満

このような感じでした。小学校は3段階評価の学校が多いです。

●実はめちゃくちゃ曖昧？　評価のつけ方

基準となる数値があるので、国語・算数・理科・社会などの教科は、学期中に行った単元テストの合計を計算して、その平均を出せば良いのですから、ある程度客観的に評価を決定することができます。そして、ボーダーにいる子どもについては、努力を加味してあげればOKです。

しかし問題は、図工・音楽などの芸術系教科といわれるものです（あと細かいことをいうと国算理社でも「関心・意欲・態度」は数値で測れないのでこれも含まれます）。

例えば、図工で子どもが描いた絵を見て、「材料などの特徴をもとに、豊かな発想をしたり、構成をしたりする」みたいな基準に対して、これ90点、これ60点、って客観的に判断行うことができるでしょうか。

できるわけがありません。

正直、主観入りまくりです。

いや、本来は「このようにできたら90点ですよ」、「ここまでだったら60点ですよ」と子どもに明確に提示したうえで授業を行うべきなのですが、実際、図工の授業でそこまでできている教員は少数です。

ですから、現実的にはどうしても主観入りまくりで評価がつけられることになります。国・算・社・理の「関心・意欲・態度」もまったく同じです。子どもの頭のなか（しかも40人近くの）を覗けるわけはないので、結局形として現れるノートや発言などで判断されることになるので、非常に主観的に評価がつけられることになります。

そういうわけで、保護者は芸術系教科や「関心・意欲・態度」は、担任の主観が入りやすい評価だと認識したうえでその評価を見た方が良いといえます。

●国・算・理・社も主観の入る余地が

先ほど書いたとおり、国・算・理・社は基本的には比較的客観的に評価がつけられますが、これについても若干、担任の主観が入る余地はあります。

それがボーダーの子の扱いについてです。

例えば、A評価とB評価のボーダーの子どもがいて、「この子の性格・能力だったらA評価を与えたらサボるな」とか、逆に「この子は能力は低いのに努力をしたので、A評価を与えることで、子どもの意欲をさらに向上させることができる」と担任は考えます。前述のとおり、現在の通知表の目的は、子どものやる気を上げることですから、このような裁量が認められているのです。

でもそれは結局つまるところ担任の主観が入る余地がある、ということになります。

●担任によっても異なる評価

また、そもそもの評価への姿勢が担任によって異なる場合もあります。

例えば、年配の担任には昔の相対評価をつけていた頃のクセが抜けず厳しめに評価をつける先生がいます。

あるいは、逆に事なかれ主義の担任は、クレームを予防するため、わざと甘めにつける先生もいます。昨今は通知表についても、「なぜウチの子どもの成績がこんなに悪い？」とクレーム電話をしてくる親もいるからです。良い成績をつければクレームを受けることはありません。

つまり、担任によっても、評価のつけ方には差がある、ということです。

ですから、余談ですが、よく子どものやる気を上げさせるために、「よくできた」が○つ増えたらゲームを買ってあげる、みたいな約束をしている親については、担任によって評価のつけ方に差があるのに……、と私は担任時代思っていました。だから、理由は他にもありますが、通知表ごほうびはＮＧです！

●通知表は担任自身への評価でもある!?

主観が入りやすい曖昧な項目があるだけでなく、担任の教える力量によっても評価のつけ方は変わってきます。

例えば、同じ学年でそれほど子どもたちに差がないクラス同士なのに、1組ではA評価「よくできた」が30人、2組ではクラス10人、ということが往々にしてあります。

授業が上手な先生のクラスは子どもの理解度も高いので、必然的にテストの点数も良くなり、A評価「よくできた」の人数も多くなるのに対して、授業が下手な先生はその逆になります。

ですから、実は担任にとって子どもの評価をつけることは、担任自身の教え方への評価でもあるわけです。

……ということは、A評価「よくできた」が増えた（減った）からといって、子どもが成長した（していない）とは言い切れないところがあり、優秀な（ダメな）担任に変わったという可能性もあります。

以上のように主観の入る余地があることと、担任の姿勢・力量によっても異なることなどから、評価のつけ方は非常に曖昧だということがいえます。

●この評価、甘すぎじゃない？　その理由は？

ですから、我が子の能力・努力から考えて、ちょっと、この評価は甘過ぎじゃないの？　と、保護者がそう感じることもあると思います。

ここまでの話を整理するして説明すると、評価が甘いと思われる場合、次のような理由が考えられます。

・担任の教え方が上手いから
・本当はボーダーだけれど子どものやる気を上げるために、上の評価をつけてくれているから
・担任が親からのクレームを回避するために「事なかれ主義」で甘くつけているから

また、子どもは急に伸びる、親には見えないところもある、ということもあるでしょうから、実は正当な評価で子どもが本当に成長している、という可能性も少なからずあります。どうしても納得がいかない場合、クレームとしてではなく、軽い感じで「ちょっと高すぎませんか？」と担任に聞いてみる、というのも手です。

●この評価、厳しすぎじゃない？　その理由は？

一方、評価が厳しいと感じた場合、次のような理由が考えられます。
・担任の勉強の教え方が下手だから（担任と子どもの相性が合わないことも含む）
・本当はボーダーだけれど子どものやる気を上げる（奮起を期待する）ために、下の評価をつけているから
・本来絶対評価でつけるべきなのに相対評価のつけ方でつけているから
また、先ほど同様、実は正当な評価で子どもが勉強できていない、という可能性もあります。

評価が厳しくてどうしても納得がいかない場合については、よっぽどのケースを除き、担任に「厳しくないですか？」と問い合わせるのは避けた方がよいと思います。モンスターペアレントだと思われる可能性大だからです。それより、自分の子どもに次に努力するよう声かけした方が良いと思います。ただし、すべてのテストが満点なのにC評価など、明らかにおかしい場合、入力ミスという可能性もあるので、確認してもらう手もありますが、ミスでなかった場合、赤っ恥をかくのでよほど確信がある場合だけにした方が良いと思います。

●C評価「もう少し」は厳しめじゃない！

前述のとおり、評価は担任によって異なり、しかも主観が入ります。ですから、A評価とB評価

の違いは気にする必要はないし、数を数えることもナンセンスだと私は思います。

しかし、C評価だけは違います。C評価はほとんど担任や主観に左右されません。

なぜでしょうか？

C評価「もう少し」、担任、よっぽどダメじゃない限り、つけないからです。

なぜでしょうか？

絶対評価の小学校で、事なかれ主義の先生でなくても、教員はなるべくクレームを避けたいからです。

しかしそれでもこの子のためにC評価つけた方が良い、あるいはC評価しかつけようがない、そういう場合にのみつけるのが、C評価です。

だから担任はC評価をつける場合、まともな教員なら、親からクレームがきてもよいように、テストの結果や宿題の提出状況の記録などの証拠資料を用意したうえでC評価をつけます。

そして、前述のとおり、C評価「もう少し」というのは、平均60点未満です。

小学校の単元テスト、業者から購入するケースがほとんどですが、基本的には問題のレベルは低いです。普通に授業聞いていれば、60点以上余裕で取れます。

苦手な単元があって、そのテストだけ60点未満でした。そういうことはあるでしょう。

しかし学期中にはいくつかの単元があります。評価はそれらの平均で出すので、平均で60点未満というのは、かなりできていない（少々強い表現でいうと、落ちこぼれている）、そう思った方が良いです。そして、原因を突き止めて対策をうった方が良いです。

例えば原因として考えられることは、以下のようなことです。

・授業中おしゃべりをしたり、忘れ物だらけだったりできちんと勉強していないから

・そもそも前学年の学習内容を理解していないから

・（軽度も含む）発達障害、学習障害があるから

・先生の授業が下手だから（先生と相性が合わないことも含む）

これら以外の理由もあるかもしれません。いずれにしても、原因を突き止めて、対策をうつべきです。そうしないと、学年が進むにつれて、取り返しがつかなくなります。

●所見は基本良いことしか書かれない！

続いて所見です。

所見、基本的には１００～２００字程度です。電子化して、文字数が増えた自治体も多いです。

具体的には、

・総合所見

・生活所見
・生活科・総合的な学習の所見
・外国語活動の所見
があります。

担任はこれを授業の準備や校務分掌などの普段の仕事と並行して、クラスの児童の人数分を書き上げなくてはならないので、とても大変です。

平日の残業だけでは終わらず、休日出勤をして書き上げる担任も少なくありません。

大変な思いをして書いているので、飛ばし読みではなく、ぜひじっくりと読んでほしいものです。

ただし、基本内容は良いことしか書いていません。

良いか悪いかは別にして昔とは違い今は、良く言えば子どものやる気を向上させる、悪く言えば子どもをヨイショする内容しか書かれません。

ポジティブにとらえれば子どもの長所が書かれているので、親ならば既に知っていることかもしれませんが、改めて子どもと確認する良い機会にできると思います。

ネガティブなことはほとんど書かれませんが、場合によっては他の子どもの学習を妨害しているような本当に酷い児童に対しては、悪いことは書けないが〝ほんのり匂わす〟担任もなかにはいます。そうすることで保護者にやんわり伝えようとしているのです。

万が一、ネガティブなことが書かれている場合は、よっぽどのことだと思って、子どもと確認した方が良いと思います。

●所見が短い先生は熱心じゃない、とは限らない！

前述の通り、所見は基本的に１００～２００字程度です。

ただし、担任によってある程度の幅があります。

所見の文章長い先生、文章が下手で長くなっている場合は除けば、熱心な先生に間違いないです。

きっと平日は夜遅くまで、授業の準備や校務分掌など、普段の仕事で既に忙しいにもかかわらず、休日も家にもち帰って書いたり、休日出勤して書き上げたりしたのでしょう。しかも残業代はビタ一文出ないので、プライベートを犠牲にしての完全サービス残業です。熱心じゃないはずがありません。

じゃあ、逆に所見が短い担任、熱心ではないのでしょうか。

普通はそう思われるかもしれません。しかし、必ずしもそうとはいえません。

なぜなら、所見より普段の授業を大切にしている担任もいるからです。

所見は大抵一回読んだら終わりです。だったら所見に何時間もかけるより、毎日の授業の準備をした方がよっぽど子どものためにもなるではないか！

そう考えて、効率的に所見を書く担任もいるのです（もちろんなかには単純に熱意のない担任もいるでしょうが）。

なので、所見が短い担任は熱心でない、と単純にとらえるべきではないと私は思います。

以上が通知表の見方です。通知表は絶対的なものではなく、あくまでもその担任の評価です。通知表は良くも悪くも曖昧に評価がつけられている、と理解しておくことは必要です。

5　クラス分けの決め方

小学校では奇数学年（3、5年生）で行われることが多いクラス替え。

クラス替えを行うにあたって、「〇〇くんとは同じクラスにしないで」という保護者の懇願を受けることもあります。

ではクラス替えは誰がどのように決めているのか、保護者からの懇願は効果があるのかなどについて、お伝えします。

●まず、誰が決める？

結論から言うと、小学校の場合、旧学年担任（新5年であれば旧4年担任、新3年であれば旧2年担任）です。

例えば学年3クラスならば、まず旧学年担任が旧クラスを3等分します。そして、学年の教員、この例の場合だったら3人で、各々がつくった3つのグループを組み合わせて新しいクラスをつくります。これが一般的に行われているクラス分けの方法です。

このように学年の教員で結論が出た後、最終的に専科教員や管理職の助言や確認を行って正式決定、ということになります。

ですから、誰が決めているかというと、第一義的には、**「旧学年の担任」**ということになります。

●基本的な考え方は？

そもそもですが、クラス分けの基本的な考え方として、同じ学年のクラスは「なるべく差が出ないよう、少なくともスタート時には平等にクラス分けする」というのが基本的な考え方です。一つのクラスに偏ると、担任の負担も偏るし、子どもや保護者にも不公平感が生まれるからです。

ただし例外的に、新担任が誰になるかによって、敢えて平等にしないケースもあります。例えば新人担任のクラスには配慮を要する児童・保護者を少な目にして、学年主任のクラスを多めにするなどです。

しかし、一般的には平等に分けることが多いといえます。

●どのように決めている？

では、どのように旧クラスを分けるのかを説明します。

これは細かいところは担任によって変わると思いますが、ほとんどの担任が最も注力するのは、「配慮を要する児童・保護者の振り分け」です。

要は、（複数の）問題のある児童・保護者を一つのクラスに入れないで、別々のクラスに分けるということです。

このように、旧学年担任は次年度以降子どもたちがより良く成長していけるよう（あと保護者や新学年担任がクレームを入れられないようにするために）、クラス分けに頭を悩ませます。

「配慮を要する児童・保護者の振り分け」の他にも、次のようなことを配慮して決定しています。優先順位の高いものから挙げていきます。

・男女数、均等振り分け
・モンスターペアレンツなどの問題のある保護者の振り分け
・学習障害、発達障害など特別な支援を要する児童の振り分け
・相性が合わない親同士の振り分け
・相性が合わない児童同士の振り分け
・学力差が出ないような振り分け
・運動能力差が出ないような振り分け
・居住地域に偏りが出ないような振り分け

担任はこれらの条件すべてを考慮してクラス分けを行います。ちなみに、私は担任時代、なかなか決まらず何度も何度も分け直して、再考して決定していました。

なお、新１年生の場合、直接的な情報が少ないため、このように細かく検討することはできませんが、幼稚園・保育園・教育委員会からの書類や面談などの間接的な情報を得て、決定していきます。

●「あの子と一緒にしないで！」——懇願は効果あり!?

偶数学年（2・4年）の年度末が近くなると、保護者から「○○くんとは同じクラスにしないでください、先生！」という懇願がある場合があります。

彼らは、「○○くんはウチの子を虐める」、「○○くんは授業妨害する」などのような理由で担任にクラス分けについて懇願してきます。○○くんが現在同じクラスの場合もあるし、現在は違うクラスの場合もあります。

問題はこの懇願、効果があるかどうかということですが（あんまりバラすと良くないかもしれませんが）、効果はある場合が多いです。

理由は単純で、学校側はクレームを入れられたくないからです。もしそのような懇願があった場合で、次年度同じクラスにしてトラブルが起きたら、間違いなく「昨年末言いましたよね、違うクラスにしてくださいって」というクレームを入れられます。ですから学校はそのようなクレームを恐れて、保護者の懇願をのむケースが私の経験では多いです。私個人としては、そんな言ったもん勝ちなんておかしいと思います。ワガママを言う保護者もおかしいけれど、それをのむ学校もなんだかな、という感じです。しかしそれが現実です。

懇願は効果があるといえるでしょう。しかし、懇願を行うことで、デメリットもあります。

その懇願は職員室内で情報が共有される可能性大です。つまり、学校中の先生に「モンスターペアレントの疑いのある親」と認定されるのです。

そのようなリスクを承知のもと、どうしても、どうしても、ということであれば懇願を行うのも（本当は良くないけれど）良いのではないでしょうか。くれぐれも気軽な気持ちで行わない方が良い、ということです。

ちなみに、私は同僚の担任が保護者から、「ウチの子は過去○○くんとこのようなことがあって、から始まり、もし同じクラスになって問題が起きたら学校に責任をとってもらいますからね！」というA4用紙3枚にびっしり書かれた、もう脅迫レベルの要求（もはや懇願ではない）を見たことがあります。

こういう懇願、担任・学校は間違いなく疲弊しますし、モンスターペレントとして認定される可能性も高いので、万が一行うときはくれぐれも丁重に細心の注意を払って各自の判断で行ってください。

6　私が出会った素晴らしい親たち

最後に、担任時代に私が素晴らしいと感じた保護者を紹介したいと思います。

■素晴らしい親①：過不足なく学習用具を持たせられる親

子どもが必要な学習用具を必要なときに確実に持たせられる親です。

何を当たり前のことをと思われるかもしれませんが、共働き家庭やシングルペアレントが多くなり、子どもに目をかけられることが厳しくなっている親も増えていて、それができない親も少なくないです。

担任としては、学習用具が揃わないと子どもたちの学習をスムーズに進められません。担任が学習用具を貸し出したり代わりに用意したりすることもありますが、スムーズに学習指導を行うためには保護者の持ち物に対する協力は必要不可欠です。

忙しい中、その協力を確実にコツコツと行う親は素晴らしいと思います。

■素晴らしい親②：きちんと書類の提出期限を守る親

書類の提出期限、毎回きちんと守る親、素晴らしいと思います。

しかも期限ギリギリではなく、早めに出してくれると担任としてはありがたいです。

逆に、提出期限を守られないと、子どもに伝えたり、親に電話入れたりと、担任にとってはただでさえ忙しいのに余計な仕事が増えて迷惑です（いい加減、電子化してアプリでやりとりできれば本当は良いのではあるのですが……）。

提出期限、守りましょう。

■素晴らしい親③：子どもの学習をしっかりと見守っている親

子どもの宿題やノート、親が定期的にチェックしているかどうか、担任なら分かります。誤字脱字をチェックするとか表面上のことではなく、我が子の学習態度や学習理解の程度をきちんとチェックし、見守ってあげている親は素晴らしいと思います。

毎日である必要はありません。定期的に行えば充分です。

■素晴らしい親④：担任をパートナーと考えている親

担任のことを子どもの成長をともに支えるパートナーとして対等な関係を築こうとする意志のある親は素晴らしいと思います。

昔はこれが当たり前だったと思うのですが、今は担任のことをサービス提供者としてしか考えておらず、横柄な態度で消費者意識全開の親も少なくありません。

確かに学校は行政サービスではありますが、「お客様は神様でしょ？」という態度は、子どもへの教育という視点から考えてもどうかと私は思います。

パートナーとしてともに子どもの成長を支えていく関係を築ける親は、素晴らしいです。

■素晴らしい親⑤：特別に対応されたとき、きちんと感謝が表せる親

子どもが欠席したとき、ケガをしたとき、提出物の期限を過ぎてしまったとき、持ち物をもたせ忘れて学習用具を借りたとき、我が子が特別支援の必要な子どものとき……。

クラスの全体指導（事務処理）とは別に対応を担任にしてもらったときに、連絡帳でも電話でも直接でも伝達手段は問わないので、きちんと感謝が表せる親、素晴らしいと思います。

逆に、そのままスルーする親、親の程度が知れます。その後姿を我が子が見ています。

感謝の一言がある親、素晴らしいです。

同じように、授業アンケートや個人面談においても、日頃の担任の指導について感謝の気持ちを表せる親は素晴らしいと思います。

彼らは、担任は残業代も出ないのに自分の生活（プライベート）を犠牲にしてまで、我が子の教育を行ってくれている、ということを（想像によって）知っているのだと思います。

だから、たとえ担任の授業が下手でも、不満があっても、それとは別に最低限のリスペクトが表せるのだと思います。

それは自身の子どもへの教育にもなるのではないでしょうか。

最低限の礼節を示せる親、素晴らしいです。

■素晴らしい親⑥：軽々しくクレームを入れてこない親

担任と信頼関係を築いていこうと考えている親ほど、自分の我が子への教育（躾）が不充分だと考える謙虚さがあるので、よっぽどじゃない限り、クレームを入れてきません。

逆に、些細なことでクレーム入れてくる親は、消費者意識全開で、我が子の言い分など一方的な偏った情報を鵜呑みにして、確認もせずに苦情を入れてくることが多いのです。

軽々しくクレームを入れてこない親は素晴らしいです。

■素晴らしい親⑦：品のないママ友グループに群れていない親

品のないママ友グループ、構成員の多くは専業主婦で、ファミレスやＬＩＮＥで担任や他の親の悪口を共有して楽しんでいる……。

共働きの親には、理解できないと思いますが、世の中にはそういう時間を持て余している親もいます。

そういう親たちと対立するわけでもなく、一定の距離を置いて接している親、担任から見ていて分かります。素晴らしいです。

■素晴らしい親⑧：子どもの意志を尊重する親

自分の考えよりも子どもの考えを優先する保護者です。

担任として感じた多くの保護者の印象は子どもの意思を無視して自分の考えを押し付ける親が多かったことです。

そんななか、子どもの意思を尊重する親は素晴らしいと思います。

担任は、個人面談などで親と直接話した感じでも分かりますし、子どもが日頃親にいわれていることを学校で結構いっていますから、親の教育は思っている以上に担任に丸見えです。逆にこの親は家庭できちんと子どもの意思を尊重しているんだな、ということも分かります。

子どもの意志を尊重する親は、素晴らしいです。

第4章の最後に

担任と信頼関係が築け、スムーズにコミュニケーションが取れると、我が子のちょっとした情報でも担任が教えてくれるようになったり、何か問題が起きたに両者が円滑に解決に向けて動き始めることができたりと良い点がたくさんあります。＜保護者―学校・担任＞の関係が上手くいくための細かな知識としてこの章の情報が活かされれば筆者としては幸いです。

なお、繰り返しにはなりますが、この章は「特に主観的に書いている＋地域や学校によっては当てはまらない場合もある」ので、あくまでも一個人の考えであり、私が経験したいくつかの学校のやり方でしかないことはご留意ください。

◆あとがき

本を執筆している間、教育問題を取り上げた、テレビの討論番組を見ました。そこでは養老猛司《ようろうたけし》氏が、「日本の学校の先生は子どもに対してではなく、『制度の維持』のために働いている。だから、子ども・保護者と齟齬《そご》が生まれる」という趣旨の内容をおっしゃっていて、私はまさにそのとおりだ！　と膝を打ちました。

本書を書き終え、振り返って自分の書いたものを読むとネガティブな話題ばかりです。念のためここで書き加えておきたいことは、個人的な経験でいえば、決してネガティブなことばかりでなく、素晴らしい経験も数多くあった、ということです。子どもに昨日までできなかったことをできるようにしてあげられたり、年間を通じてクラス集団を成長させることができたりと他の仕事ではなかなか経験できないポジティブな出来事もたくさんありました。保護者から褒めていただいたり、感謝されたりすることもありました。決してネガティブなことばかりではありませんでした。

しかし一方で、学校現場には「これで良いのか？」という筋の通らないこともたくさん（本当にたくさん）ありました。それらのことについて、ここまで書いてきましたが、私はその根源は、すべて同じだと思っています。

それは、養老氏のいうように、教員の目指す方向・システムが、子どもたちのためではなく、「制度の維持のため」に働いているということです。

今の日本の学校教育には、この「制度の維持のため」から「子どもたちのため」への変化が必要です。その変化が起きれば自然と本書でも指摘したような、余計な仕事を減らしたり、授業の準備時間を確保したりするようになると思うからです。

そのためにはまず当事者だけでなく、広く一般の方まで多くの方が教育について考える機会が必要になるでしょう。

本書がその一助となればこれ以上の幸いはありません。

東和　誠

東和　誠（とうわ まこと）

1986年生まれ。大学卒業後、教員採用試験合格。下町の学力底辺校、郊外の上位校、タワーマンション街の学級崩壊多数校の３校の小学校に勤務。有意義な日々を送るも、ブラックな労働環境、筋の通らない教育行政・学校管理職等に疑問を感じ、退職。退職後は小学校現場の実情を多くの方に知ってもらうため、『トウマコの教育ブログ』を執筆。毎日、更新。

https://makomako108.net/
twitter@makoto_touwa
facebook@makomako.touwa

問題だらけの小学校教育
疲弊する教員、放置する学校長

2018年11月30日 第1刷発行

著　　者｜東和　誠
発 行 者｜千葉 弘志
発 行 所｜株式会社ベストブック
〒106-0041 東京都港区麻布台3-4-11
麻布エスビル３階
03（3583）9762（代表）
〒106-0041 東京都港区麻布台3-1-5
日ノ樹ビル５階
03（3585）4459（販売部）
http://www.bestbookweb.com
印刷・製本｜三松堂株式会社
装　　丁｜株式会社クリエイティブ・コンセプト

ISBN978-4-8314-0229-5 C0037